人を動かす
人柄力が
3倍になる
インバスケット思考

株式会社インバスケット研究所
代表取締役
鳥原隆志

WAVE出版

はじめに
なぜ、仕事を頑張っていても、人は動かないのか

ビジネスパーソンには「人を動かす人」と「人に動かされる人」がいます。

中には、「自分で動くだけの人」もいるかもしれませんが、多くの人が組織に属している以上、このような人は稀でしょう。

あなたは「人を動かす人」でしょうか。それとも「人に動かされる人」でしょうか。

実は、どちらか一方という人は少なく、多くの場合は「人に動かされながら、人を動かす人」です。

そのため、**「人を動かす」ということは、ビジネスパーソンにとって、絶対に必要な行動**だと言えます。

私はインバスケット（職務遂行能力の測定ツール）のコンサルタントとして、これまで多くのビジネスパーソンに研修や講演で会ってきました。その中で、

「部下が思う通りに動いてくれない」

「周りが自分に協力してくれない」
「上司や同僚が自分の考えを理解してくれない」

このような悩みを多く聞いてきました。

つまり、〝人を動かす〟ことの難しさの悩みです。

この悩みを持っている人の中には、昇格試験をトップクラスで合格したり、最年少で昇格を果たしたりと、いわゆる優秀な人もいます。

もちろん、私が専門のインバスケットのテストでも高得点を取っている人もいます。

インバスケットは、主に職務を遂行するための判断力や問題解決力が、どれほど発揮できているかを測定するツールです。

しかし、このインバスケットで高得点を出しても、職場で成果を出すことができないばかりか、仕事がうまく回らず、深く悩んでいる人がいるのです。

どうして、仕事を遂行する上での能力や資質を持っているのに、仕事がうまく回らなくなるのか？

これは私が以前から持っていた疑問でした。

そして今、この本を執筆するにあたり、一つの結論を持っています。

それは職務を行う能力や知識を持っていても、人を動かす力、つまり、

「人柄力」

が足りないのだと。

人を動かすには大きく分けて2つの方法があります。

「人や力によって動かす」

「自分の考えを伝えて動かす」

人や力によって動かすとは、人からの指示や脅迫的な力で、動かすことです。

自分の考えを伝えて動かすとは、考えに納得してもらい、主体的に動いてもらうことです。

他人があなたの考えに基づいて、自発的に動こうと思うためには、あなたの人間性、つまり人柄の力が必要です。

私はこの人柄の力を人柄力と名づけたわけです。

人柄力とは、一言で表せる性質のものではありませんが、例えば、

- 笑顔や清潔感、身なりなどの外見
- 包容力や安心感
- 相手を思いやる気持ち

・まわりをフォローする力

など多くの要素から成り立ちます。

この人柄力は、昇格試験や適性検査、面接などでは測定することが困難です。

そのためか、**人柄力は見過ごされがちで、ビジネススキルなどの見やすい能力だけがその人の能力だと捉えられる誤解が生じています。**

また、人柄力はとても測りにくいものなので、上司だけではなく、自分自身もこの力を持っているのか、わからないことが多いのです。

しかし、人柄力は確実に必要な力なのです。

人を動かす仕事はもちろん、あらゆる場面で、人と協力して物事を進めるには、必ず持っていなければいけません。

仕事が成功するかは、人柄力をどれほど発揮できるかで決まると言えるくらいです。

さて、あなたは人柄力をどの程度持っているでしょうか。

実はこの人柄力は、自分で持っていると思っていても、まわりから、

「人柄が良い」

と認められなければ、持っているとは言い難いものです。

私は、すべての人に潜在的には人柄力が備わっていると考えていますが、人柄力は発揮され、他人に認められることで初めて、意味を持ちます。

そして、自分のビジネススキルや能力で大きな成果を出すには、人柄力がまわりに認められる必要があります。

例えば、頭脳明晰で論理的な判断のできる上司がいるとします。しかし、人柄力がゼロに近いのであれば、部下やまわりの人は、力でしか動きません。

しかし、ある程度のビジネススキルしか備えていなくても、人柄力を持っていれば、部下やまわりの人の協力が集まり、成果を出すことができます。

そこで、本書は、

1　ビジネスに必要な人柄力を持つ人の行動を分析

2　実際にインバスケットを使って、あなたの人柄力発揮度を測定

3　すぐに始めることのできる人柄力の高め方を解説

という趣旨になっています。

そして、人柄力を身につければ、

・インバスケット思考などのビジネススキルが格段に成果に結びつく

・**協力者や支援者が増える**
・**失敗をしたとしてもカバーしてくれる最大の保険となる**
・**部下や家族から尊敬される**

など多くのメリットがあります。

中でも、最大のメリットは、

「人柄が良い」

というブランド力を持つことができることです。

この「人柄が良い」というブランド力は、今の会社を離れても、仕事をリタイヤしても、一生あなたから離れることのないブランド力です。

そのブランド力を手にできるかどうかは、あなた次第です。

さて、本書では随所にインバスケットという言葉が出てきます。詳しくは著書『究極の判断力を身につけるインバスケット思考』をお読みいただければと思いますが、インバスケットは、架空の立場となり、限られた時間で、案件をより多く、より精度高く処理するビジネスゲームです。

本書はこのインバスケットで、あなたの「人柄力」がどれほど発揮されているかを体験してもらい、解説で気づきを得ていただくことを狙いとしています。

そして、本書のインバスケットは、これまでのインバスケット本とは異なり、

・回答を選択式ではなく、自分で考えてもらう方式
・時間制限を外し、じっくりと案件処理を考えてもらう方式

を取り入れています。

きっと、このインバスケットをやり終えると、多くの気づきが得られると思います。ただ、中には自分の人柄力のなさに落胆される人もいるかもしれません。

しかし、人柄力を高める初めの一歩は、何が足りないかを知ることです。

本書で、自分の人柄力と真剣に向かい合ってもらえれば、著者として幸せです。

この本には、多くの人柄力を持った人のエッセンスが詰まっています。何か1つからでも良いので、実践していただければと思います。

では、さっそく人柄力を身につけていきましょう。

※本書で使用しているインバスケットは、管理職登用試験などで利用されているインバスケット手法を著者が独自に改変したものです。

目次

第3章 実践 人柄力インバスケット

第4章 積み重ねが人柄力を高める

第5章　人柄力をさらに高めるには

本書に登場する人物・企業・団体等は全て架空のものです。
本書の内容を参考に運用された結果の影響については責任を負いかねます。
あらかじめご了承ください。

ブックデザイン　水戸部 功
DTP・図版作成　NOAH
校正　小倉優子

第1章
人柄力とは何か

ビジネススキルだけでは足りない

まず、少し長くなりますが、私が「人柄力」という力の存在について考えるようになったきっかけからお話しします。

私は、インバスケットという管理能力や職務遂行能力を発揮するためのアセスメントツール（個人の能力や特性を測定するツール）の開発を、主な仕事としています。

インバスケットは、受験者が架空の人物になりきり、設定された環境・時間の中で、多くの案件をより精度高く処理できるかを測定するビジネス・シミュレーション・ゲームです。

インバスケットでは、受験者の判断スタイルに加え、その人の仕事の進め方や問題解決の仕方の傾向なども観察することができます。

そのため、現在では多くの一流企業で使われています。とても有効なアセスメントツールであると言えるでしょう。

一方で、私はインバスケットの専門家であるからこそ、インバスケットが万能ではないことを理解しています。そして、インバスケットに対して2つの課題を感じています。

1つ目は、他のツールと同様に、その人全ての特性を把握できるわけではないということです。インバスケットでも、その人のある一面を観察しているに過ぎないのです。

私は今後、このインバスケットを、今まで観察できなかった要素、例えば、当事者としての意識があるか、グローバルな視点を持っているか、などをより多くの側面から観察できるツールに開発しようと考えています。

2つ目の課題は、これも他のツールなどと同じく、回答を数値化することのデメリットです。

もちろん、回答を数値化することで、他の回答と客観的に比較でき、集団の中での位置づけや、受験者の特徴を見出せる、そして信頼性が高くなるなどの多くのメリットもあります。

しかし、数値化されることで、その数値を絶対的だと感じたり、意図的に数値を観察することで、本来その人が持っている特性を歪めて捉えたりしてしまうデメリットもあります。

私は、この2つの課題を踏まえつつ、日々の研修などを行っていくなかで、以前から1つ強く感じていることがあります。

それは、インバスケットのスコアが高ければ、必ずしも素晴らしいビジネスパーソン、管理職になり得るとは限らないということです。

これまで述べた通り、インバスケットでは、その人の持っている特性や能力の一部しか観察できません。

仕事上、私は管理職を目指す人や現職の管理職の人と直接会話をして、考え方や経験、そして興味などを聞く機会が多くあります。そして、「この方は、管理者として素晴らしいチームを作り、成果を上げるのでは」と思える人と出会うことも多々あります。

しかし、こういった可能性を感じさせる人が、インバスケットが非常に苦手であるとか、論文が苦手であるなどの理由で、昇格試験に合格できず、管理者になれないことが少なからずあります。

私は、このことにぼんやりと矛盾を感じていましたが、それを明らかに疑問視するようになったきっかけがあります。

ある企業の管理者の社内研修の講師をしたときです。

まわりから非常に信頼され、上司からも「管理者として抜群である」と高評価を受けていた片岡さん（仮名）という方が参加していました。私も、とても落ち着かれた品のある紳士という印象を持っていました。きっと、優秀な管理者なのだろうと確信をしていたのです。

しかし、研修を実施すると、片岡さんのインバスケットのスコアがあまり良くないのに驚きました。もちろん、トレーニングすることで徐々にスコアは上昇していったのですが、これには私も少し戸惑いました。

なぜなら、インバスケットのスコアが良くなくても、その方はリーダーとしてまわりの人や部下に信頼され、組織を運営している優秀な管理者だったからです。これではインバスケットのアセスメントツールとしての存在価値が弱まるような気がしました。

それまで、私はインバスケットの研究者として、無意識にインバスケットのスコアが良くない人は、管理者やリーダーに向いていないと思い込んでいたようです。インバスケットができなくても優秀な管理者はいると知識としては持っていたものの、実際に片岡さんを目《ま》の当たりにすると戸惑いました。そして、それは興味へと変化していきました。

もちろん、このような人がたくさんいるわけではありません。インバスケットのスコアが良い人には優秀な管理者の素質がありますし、管理能力測定のツールとしてインバスケットが普及しているのもそのせいです。

興味を持ってから、自分なりに片岡さんについて考え悩み、分析した結果、1つの仮説を立てました。片岡さんの人間性は、インバスケットのスコアを十分に補うほどの力があるという仮説です。つまり、「はじめに」でも述べた〝人柄力〟があるというわけです。

これは次第に仮説から確信に変化していきました。仮説をもとに観察すると、この人柄力を持つ人が実際にいるのです。

よく考えてみると、過去にもそのような人に会ったことが多々あります。

見るからに仕事ができるような人ではなくても、リーダーとして優秀な人がいたり、あまり能力値が高いとは思えない人が、大きなプロジェクトを任せられたりするのはよくあることです。

片岡さんのように、インバスケットのスコアが悪くても、その人の力に、部下や上司、そしてまわりの人が信頼をよせ、頼りにしているのです。

このように人柄力を持っている人もいれば、全く逆の人もいます。

知人の中にも、インバスケットでは抜群に優秀な成績を収め、上位職の管理者になることができたのに、業務がうまく進まず、ついには心を病んでしまった人がいました。

現在では、私は**仕事を処理する能力はあくまでも〝道具〟であり、仕事をするためには、まわりを巻き込む力が必要だと考えています。「この人のためだったら……」と自発的に思わせる人間的な魅力がなければ、業務はうまく進まない**のです。

この人柄力は、ビジネスパーソンに必要な資質だと確信しています。

つまり、この力がなければ、いかにロジカルシンキングができても、素晴らしい能力を持っていても、結果が出せないのです。

そして私は、インバスケットを開発するプロフェッショナルとして、以前から人柄力をインバスケットで測れるようにしたいと考えていました。

本書では、人柄力をインバスケットを使って試してもらい、そしてどのように高めればよいのかを皆さんにお伝えしていきます。

ビジネスパーソンに不可欠な「人柄力」

さきほどからお話している人柄力とは、どういうものなのか。これを分析したいと思います。

インバスケットでの分析は、その人の行動スタイルや考え方の特定から始まります。

人柄力を持つ人と持たない人の行動特性を比較するのです。

この力を持っている人の特性は、いつもニコニコしていることです。幸せそうな笑顔を見せ、それに引き寄せられるようにまわりの人が近づいてきます。

一方で、この力のない人は、同じく笑顔を見せていますが、ぎこちなさや不自然さがあり、人をあまり引き寄せないような気がします。

ただ、外見上の違いはこのくらいで、この差は内面から出てくるもののようです。

では、私はなぜ、それまでは漠然と捉えていた内面の力を「人柄力」として、明確に考えるようになったのか？

そのきっかけとなった瞬間のお話をします。

ある日、カウンセリングをしたときのことです。

インバスケットは、考え方や価値観など、受験者の内面も大きく影響するものです。そのため、研修などでは、受験者に考え方のバイアス（偏り）やエラー（誤り）に、気づいてもらうため、カウンセリングを行うこともあります。

そのときのカウンセリングは、数回目のお客様のものでした。しかし、なかなか自己理解（自分の考えを理解すること）が進みません。そのお客様もストレスを感じていたはずです。

お客様が帰られた後に、私はつい、ため息まじりに、

「お客様のほうがつらいはずなのに、どうして来てくれるのだろう？」

と弱音を吐いてしまいました。

そのとき、女性のスタッフが、

「鳥原さんのお人柄ではないですか？」

と言ってくれました。

私に人柄と言えるほどのものはないのですが、これを聞いたとき、パッとひらめきまし

た。

〝お人柄〟

この言葉だ。それまで、漠然と捉えていた内面の力にぴったりの言葉は、これだったのです。

人柄の力、つまり〝人柄力〟なのです。

人柄は、内面と外見がうまく作用しないと、発揮されません。人が良くても柄、つまり品がなかったり、不潔であったりすると良い人柄にはならないのです。

以前会った片岡さんにぴったりの力です。片岡さんは相当の人柄力をお持ちのはずです。**人柄が良ければ、敵も少なく、まわりからは信頼され、欠点や多少の失敗は十分補うことができる**のです。片岡さんを〝本物のリーダー〟にしている力、人柄力はとても素晴らしい力なのです。

「人柄が良い」と言われて気分を害する人はまずいないでしょう。

しかし、心の底から人柄が良いと言える人があまりいないのも現実です。

だからこそ、人柄が良いと認められることには大きな価値があるのです。

人を幸せにする力

人柄力のある人の特徴は、その人自身が幸せそうなことです。

なぜ幸せそうなのでしょうか。

毎日を楽しそうに、かつ自信を持って生きています。

仕事をしているときも、プライベートでも幸せそうです。

現代社会において、多くの人が日々悩みながら、苦痛に耐えるかのように暮らす中、このように幸せそうな人は、化石のような存在に見えます。

幸せそうな人とはどのような人なのか。まわりの人たちを観察してみると、よくわかります。

電車の中でも、エレベーターでも、職場でも結構です。

みんな、難しい顔や無表情な顔をしていませんか。

ある日、私も電車に乗った際に、幸せそうな人を探してみました。

多くの人が無表情か、なにやら難しい顔をしています。

しかし、その車両に一人だけ、幸せそうな紳士を見つけることができました。何をもって幸せそうかと言うと、その人の表情が穏やかで、とても温かい感じがして、身なりもきれいだからです。

ただし、ニヤニヤしている人や、馬鹿笑いをしている人は、幸せそうという表現はあてはまりません。

また、〝幸せそう〟というのは、顔だけでなく行動にも現れます。歩いているときも、仕事をしているときも幸せそうなのです。

ここで勘違いしてはいけないのは、幸せそうな人が人柄力を持っているのではなく、人柄力があるので幸せそうに見えるということです。

人柄力は幸せを呼ぶのです。

それは、人柄力のある人は、幸せな時間や場面に遭遇することが多くなるからです。

どうして、そう言えるのでしょうか。

例を挙げてご説明しましょう。

私たちの生活は、通常の日（ケの日）と御祝い事などの特別な日（ハレの日）とに分けて表されることがあります。ハレの日の代表と言うと、お正月やクリスマスなどです。このハレの日には多くの人が楽しい時間を過ごします。これは楽しい時間がたまたまハレの日であるのではなく、ハレの日だから楽しい時間を過ごそうということになると言えます。

そして、あなたは次の４人のうち、誰をハレの日に招待しますか。

・暗い人
・楽しいが下品な人
・品はあるが、暗い人
・品があり、明るい人

考えるまでもなく、品があり、明るい人ですよね。

この品があり、明るい人が「人柄力のある人」だと言えます。

では、結婚式のスピーチは、どういう人に頼むでしょう？

これも品があり、明るい人にお願いするのではないでしょうか。

このように、人柄力のある人は、ハレの日に登場する確率が高いので、幸せな空間に触れることが多いのです。

もちろん、人間ですから落ち込むことはあります。怒ることもあるでしょう。

しかし、それは人柄力があればすぐに回復します。

なぜならば、まわりの人が幸せの回復に協力してくれるからです。

人柄力のある人のまわりには、多くの協力者が集まり、その人に異変があれば、これを察知し、幸せを回復しようと助けてくれます。

なぜ、助けてくれるのか？

それはまわりの人が、普段から幸せそうにしている人柄力のある人には、いつも幸せでいて欲しいと望むからです。

人柄力のある人には、人柄力を持った協力者が集まるのです。

「確かに、人柄力を持っている人はいる。けれども、自分はそんな力とは無縁だ」

そう思う人もいるかもしれません。

そんなあなたは、朝起きて幸せを実感しながら出勤する生活を想像してください。

窓を開けて新鮮な空気を胸一杯に吸って、今日起きるだろう楽しい出来事をワクワク想像しながら仕事に出かけるのです。

〝そんなことあり得ないではないか〟

そう思われるかもしれません。しかし夢物語ではありません。

実際に人柄力を持った人たちは、そのような生活を送っているのですから。

そして、**幸せな環境を作るのも、幸せな気持ちで毎日を過ごすのも、外部からの影響よりも、むしろあなたの内面次第**と言えます。

あなたの心持ちから変えていかなければ、朝起きて何かに脅えながら、カーテンを閉めっぱなしで「今日は何か悪いことが起きそうだ」と思いながら、会社に向かう羽目になるのです。

そうならないためにも、まず、あなたのまわりの人柄の良いと言われる人の顔を思い浮かべてください。まず目標を作るのです。

もし、浮かばない、いや、人柄の良い人がまわりにいないとすれば、残念ですがそれは、あなたの人柄力が消えていく前兆です。

あなたにも人柄力は必ずあります。その力を発揮できるかどうかは、あなた次第なのです。

人柄のブランド力は口コミで広がる

口コミとは、マスコミなどの媒体を介することなく、人から人へ口伝いで情報が広がることです。多くの企業がこの口コミに魅力を感じています。

なぜなら、基本的に広告は、企業側からの一方的な情報発信であり、賢い消費者は、これを全てうのみにすることが少なくなったからです。

一方、口コミは、自分の知っている人や信頼性のおける人、または中立的な立場の人が発信します。フェイスブックの「いいね！」も口コミ的な情報だと言えるでしょう。消費者への響き方も普通の広告とは格段に違ってきます。

最近では、この口コミを人工的に操作しようとする業者が現れ、社会問題になっているほどです。

さて、実は、その人に人柄力があるかどうかという情報は、口コミで伝わっていきます。

「○○さんは人柄が良い」

このような言葉をあなたも一度は聞いたことがあるはずです。

人柄が良いと聞くと、安心感を覚え、信頼できる人のような気がします。

一方で、

「○○さんは頭が良い」

と聞くと少しニュアンスが変わります。

これも素晴らしいことだと思いますが「人柄が良い」に比べると、ストレートに〝信頼できる〟という印象になるとは限りません。

頭が良いという理由で、その人が信頼できる人かどうかは、わからないからです。人によって捉え方も違うでしょう。

ある人は、頭の回転の良い人だと捉えることもありますし、ある人はある専門分野に長けている人だというイメージを持つかもしれません。

また、

「○○さんは、品があり、性格も良く信頼ができるいい人である」

これも人柄力を表現した言葉ですが、このように長い表現は口コミには向いていません。

もし、口コミで伝わっても、どれかが欠落したり、次第に表現が変わったりします。口コミは伝言ゲームと構造は一緒なのです。

だからこそ「人柄」という言葉には、重みがあり価値があります。

一度、あなたの人柄が多くの人に認められると、あなたは「人柄が良い」というブランドを持つことができます。

「人柄が良い」というブランドは、まだあなたに会ったことのない人に対しても、計り知れないほどのプラスのイメージを与えることができます。

「次に着任する課長は、人柄が良い人らしい」

あなたは、そのような情報を聞いたらどう思いますか？

きっと、人あたりの良い人であり、自分にやりがいを与えてくれそうな気がしますよね。

この「人柄が良い」ということは、1つのブランドなのです。

「人柄が良い」というブランドを持っている人が、本書で言う「人柄力のある人」です。

ブランドは偽れませんし、すぐに築くこともできません。良いブランドを作るには多大な努力と長い時間をかける必要があるのです。

その反面、人柄のブランドが崩れるときは、とても早いです。人柄のブランドは、口コミで成り立っていくので、少しでもブランドが傷つくような行動をすると、良いこと以上に伝わってしまうのです。口コミは良い情報より、悪い情報のほうが数倍流れるのが早いということです。

だからこそ、**自分で人柄の良い人間になろうと、心底思わないと、本当の「人柄ブランド」を築きあげることはできません。**人柄ブランドは自分自身でそのブランドのイメージを体現することで、徐々に他人から認められ、次第評価がに広がって、初めてブランドの力が発揮されます。

人柄力は引き寄せ合う

「人脈」という言葉があります。

気の合う人や仕事で知りあった人達とのつながりを言います。

人脈は財産です。

私自身も、この人脈の恩恵を数多く受けています。

例えば、私がインバスケット教材の作成にあたり、コピーライターを探していると、友人が知人のライターを紹介してくれました。

この人は非常に私の考え方に共感してくれて、私も彼女の考え方を受け入れています。

私たちはとても良い関係を築くことができています。

人脈から得たとても嬉しい恩恵だと言えるでしょう。

人脈はパーソナルネットワークとも言います。このネットワークは、想像を超える素晴らしい出来事を引き起こすことがあります。

人脈と言うと、会ったことのある人とのつながりのように思いがちですが、私は、本当はその先のつながりが素晴らしいものだと思います。

つまり、私の考える人脈の素晴らしさとは、知人があなたの必要としている事柄を直接満たしてはくれなくても、媒体となって、必要な人を探してくれることなのです。

そのため、人脈のある知人を持つことは、間違いなくあなたにとって貴重な財産になるでしょう。

それに気がつくのは、社内の人脈だけでは、十分な助けを得られないときです。

あなたが上位職になれば、当然、案件処理も難しくなり、社内だけではなく社外の人脈も必要となってくるのです。

そのようなときに重要なのが、人脈の質です。

よく人脈が広いことは素晴らしいことだと言われますが、量的なものではなく質が重要なのです。質の良くない人脈を多く持つより、少なくても質の良い人脈を持つ方が大事だと私は思います。

いくら人脈が広かったとしても、お互いが高め合えるようなものでなければ、意味がないのです。

では、質の良い人脈とはどういうものでしょうか。

質の良い知人・友人を持つことです。

あなたにとって質の良い知人や友人とはどのような人でしょうか?

決して、頭が良い、見栄えが良い、お金を持っているなどといったことで判断できるものではないはずです。


〝一緒にいて心地よい〟

〝自分のことを理解してくれている〟

〝様々な助言やサポートをしてくれる〟

〝いつも心が安定していて包容力がある〟


などの内面的な部分を重視するのではないでしょうか。

これらは人柄力の主な要素です。

そして、あなたもまわりから、このような観点で見られていることに気づいてください。

つまり、人柄力のある人は、相手からも貴重な財産として見られているのです。

異業種交流会のような集まりを例に考えるとわかりやすいかと思います。

このような集まりでは〝とにかく名刺を数多く配れ〟とばかりに、挨拶に回っている人もいれば、落ち着いて歓談している人もいます。

落ち着いて歓談している人のまわりには自然と人が集まってきます。まるで何かの引き寄せる力が働いているかのように、人々が集まってくるのです。

誤解のないように書きますが、その人は決して大企業の役員や、名声のある人ではありません。ただ、人柄力のある人なのです。

異業種交流会のような集まりでも、貴重な時間を使い参加しています。だからこそ、多くの人は有意義な時間を過ごしたいはずです。このとき、名刺を数多く配ることを有意義と考える人もいますが、私は、一緒に話したい人を見つけ、ゆっくりと歓談するほうが、有意義な時間だと考えています。

一緒にお話をしたい人とは、一緒にいて心地のよい、そして自分のためになるような人です。私自身は、ギラギラとした営業の顔つきで名刺を大量に配る人と一緒に歓談しようとは思いません。

そして、1人、人柄力のある人と知り合いになると、その人とのつながりの先には、人柄力を持つ人が数多く存在しているとは言えます。

人柄力のある人には、人柄力のある知人がいることが多いからです。

あるテレビ番組で、腕の良い調理師に美味しいお店を聞いていくという企画がありましたが、これは人柄力にも同じようなことが言えると思います。

どういうことかと言うと、人柄力のある人も1人の人間なので、一緒にいて心地の良い人を求めます。その結果、人柄力のある人は、人柄力のある人を多く知っているのです。

これらのことから、人柄力を持っていれば、多くの人があなたと歓談するために近づいてきてくれると言えるでしょう。

あなたは時間を気にしながら名刺を配る必要はないのです。

逆に、まわりに人が近づいて来てくれないとしたら、あなたに人を寄せつけない力が働いているからです。これは人柄力と相反する、反人柄力と言えるものかもしれません。

まずは、**あなた自身が他の誰かにとって〝この人は私の財産である〟と思われる人柄力のある人を目指すことです。**そして、人柄力のある人との人脈を築いてください。

外見も人柄力のうち

選挙の時期が近づくと、このような人がこんなにいたのかと驚くほど、街では選挙カーが走り、街頭演説が行われ、ポスターが貼られます。最近はノボリを立てた自転車で、拡声器をぶら下げて走っている人もよく見かけます。

この時期には、立候補者の懸命な選挙活動の様子が、目に飛び込んできます。彼らは選挙活動で何をアピールしようとしているのでしょうか。自分の政治への考え方でしょうか。それとも、今までの実績でしょうか。もちろん、それらもありますが、自分が頑張っている姿、真剣な姿、誠実な態度などを見せているとも言えます。

私たちも、街頭での演説に出会った際に、どのような人なのかと表情や服装を見て「あ、いい感じの人だな」と思って話を聞いて、「なるほど、この考え方には共感できる」と納得して、投票をすることがあるでしょう。

逆に、いかにも政治家という感じで、黒塗りの高級車で現れ、脂ぎった顔と鋭い目つきで、第一印象の悪い人の演説は、なかなか聞いてみようと思わないのではないでしょうか。外見だけで判断するとは、けしからん、偏見だ、という考え方もあるかもしれません。しかし一方で、多くの人は、外見である表情や態度、服装や雰囲気などを中心にその人のイメージを形成します。

人はどの程度、外見を重視するのかの参考とされている法則があります。「視覚」「聴覚」「言語」の中で、人はどれを優先して、話者の感情を判断するのかを数値で表した、アメリカの心理学者が提唱した法則「メラビアンの法則」です。

この法則では、見た目などの「視覚」が55％、口調などの「聴覚」が38％、言葉そのものの意味「言語」が7％とされています。つまり、言葉そのものの意味以外の要素が93％ということになります。人は見たり聴いたりする、外側に表れる要素に、いかにイメージを左右されているのかと驚かされます。

もっとも、全てのコミュニケーションに適用されるものではありませんが、私たちも、例えば、面接のときには清潔感のある服装で臨みますし、初めて人と会うときもそれなりに外見を整えるでしょう。

いかに良い内面を持っていても、まずは、人に対して外見で良い印象を与えないと内面を知ってもらう機会を大きく減らし、結果として人柄力は発揮できないのです。

もちろん、外見だけ良くて内面がともなっていない場合も、結果として人柄力を発揮できないのですが、外見が内面を見てもらうための切符になることには間違いありません。

選挙ポスターをじっくりと観察したことがありますか。

柔らかい表情、優しそうな微笑み、清潔感のある服装、全ての候補者が良い人柄を前面に押し出しており、人相の悪そうな方はあまり見かけません。

これはプロのカメラマンの腕の見せ所で、納得できる表情を出すまで１００枚以上撮影を続けることがあるそうです。

また、選挙ポスターを印刷している業者の話では、選挙ポスターに使うインクは特殊なものを使っていることが多いようです。理由は太陽による色あせや、雨などによる変色を防ぐためです。

人柄の良い笑顔も、色あせたりすると一変して人柄が良く見えません。

つまり、選挙ポスターは、良い人柄をわかりやすくアピールできるように工夫がされているのです。

みなさんも選挙ポスターで候補者の顔を知ることが多いのではないでしょうか。

ぜひ、街頭演説などの際に、近くで候補者のお顔を見て、選挙ポスターと比べてください。

まるで別人のように思える候補者が多いことに驚くでしょう。

それは選挙ポスターによって作られた人柄力のあるイメージがあるからです。

あなたが人柄力を外見から作ってみようと思うのであれば、選挙ポスターに出るつもりで、人柄力のある外見を思い浮かべると良いでしょう。

第2章

人柄力を身につけるメリット

失敗してもカバーしてくれる最高の保険

交通事故を起こしたとき、病気にかかったときなどに発生した損害をカバーしてくれる社会的な相互扶助の仕組みが、保険です。

みなさんは保険に対して、適当な保険料を支払えば、もしもの際に頼りになる存在という感覚を持っているのではないでしょうか。

今や、その安心感を求めて、保険の対象にならないものはないと言われるほど様々な保険が生み出されつづけています。現在の日本は、保険会社自体でさえも、保険に入っているほどの保険社会とも言えます。

保険には、現実的なリスクへの対応ももちろんですが、「安心感」にも大きな価値があるのかもしれません。

ところが、私たちの日常的な失敗や仕事のトラブルなどについては、保険がありません。

重要書類を失ったとか、商談に失敗した、また誤解によって大切な友人との信頼関係を失ったなどの具体的な失敗を思い浮かべてみましょう。保険料などはありませんよね。たとえ保険料が下りたとしても、保険金だけでカバーできることにも限界があります。

このような失敗をしたときに実際の損害を補償してくれる保険はありませんが、人柄力は被害を最小限に食い止めてくれるクッション材の役割を果たします。

どういうことかと言うと、普段から人柄の良い、人柄力のある人は、何か失敗をしても、他人の受け取り方が変わってくるのです。

お店に置き換えて、考えてみます。

例えば、街の露店で買った電化製品が故障してしまったら、私なら慌ててその露店に行き、返金を要求します（もっとも、そのようなところで電化製品は買わないかもしれませんが）。

それが、大手量販店で買ったのであれば、さほど慌てずに苦情を言えるでしょう。大手量販店というブランドが、その人に安心感や信頼感を与えているからです。

〝きっと○○なら、満足した対応をしてくれるだろうから大丈夫〟と考えるのです。

人でも同じようなことが言えます。

普段から人柄の良い、人柄力のある人が、失言をしたとしても、

「きっとこの人は、何か意図があって、わざとこのようなことを言っているに違いない」

と聞いた人が良い方向に取ってくれます。

逆に、人柄力の無い人が失言をすると、相手が敵意を覚えるのです。

このように、**失言や失敗は誰にもありますが、人柄力があれば損失を最小限にしてくれたり、逆に変換してくれたりするメリットがあるのです。**

また、**人柄力があれば、少々棘《とげ》のある厳しいことを言ったり、かなり鋭い質問をしたり、攻撃的な質問を投げかけたりすることがあっても、人柄力がカバーしてくれているので、それほど鋭くは聞こえません。**相手が紳士的に受け取ってくれます。

仮に、その発言を誰かに批判されたとしても、人柄力があればまわりの人が守ってくれます。

「この人はそんな意味で言ったんじゃない」

というように。

人柄力のある人は、そういう意味で非常に得をしていると言えます。

一方で、人柄力のない人が同じような質問をすると、質問を受けた人だけではなく、その場にいる多くの人が、その人の質問を意地悪なイメージに捉え、険悪なムードになってしまいます。

そのため、人柄力はビジネスパーソンとして成功するために、持っておかなければならないものなのです。

部下に対して業務上の指導をしなければならないときに、心を鬼にしてかなり厳しいことを言い過ぎたとしても、人柄力のあるリーダーの指導であれば、

「この人は自分のために厳しいことを敢えて言ってくれているのだ」

と怒りの矛先を自分自身に向けて、自問自答をしてくれるのです。

ただし、人柄力は全ての人が持っていても、常に発揮されるものではありません。

もし、失敗をして、誹謗中傷《ひぼうちゅうしょう》を受けるような場合、あなたには人柄力が足りなかったと素直に反省すると良いでしょう。

「私の人徳の至らぬところ」

という言葉を聞かれたことがあると思います。

これは自分の行動や発言を否定するという意味合いよりも、私は、その行動や発言が否定的に取られたという自分の人柄のなさを悔やむ意味合いの言葉だと考えています。

さて、私の知っている範囲でも、複雑な人間関係の中、部下や上司とのコミュニケー

ションで悩むビジネスパーソンが数多くいます。

自分自身では間違っていないと思っていることでも、相手の立場では全く違ったものに取られることは必ず起きるでしょう。

このようなことが起きるのを恐れるのではなく、起きた際にカバーしてくれる人柄力を身につけておくことがビジネスパーソンには求められるのです。

実力のある人が集まる

「同じような性格を持つ者同士は引き寄せられる」と言われることがあります。

このことは、法則としてメディアやセミナーでよく聞かれますが、〝類は友を呼ぶ〟などと多くの言葉があり、昔から言われ続けた不変の法則なのかもしれません。

この法則からすると、人柄力を持つと同じく人柄力のある人が集まってくると言えます。

人柄力を身につけると、様々な人からの誘いが多くなります。

そこで、全ての誘いを受けることができなくなるので、取捨選択をしなければならなくなります。

もしあなたなら、どのような取捨選択をするでしょうか？

一緒にいて楽しくて安心できる相手と一緒に過ごそうとするでしょう。

人柄力を持った人も同じで、人柄力を持った人に引きつけられます。

そのため、あなたが人柄力を身につければ、人柄力のある人が近づいて来てくれます。

あなたは、人柄力のある人からも選ばれる存在になるのです。

また、人柄力を持っている人は、他の人にも幸せを味わってもらおうと、自分が幸せになれた場所や時間の過ごし方を良く覚えています。人柄力のある人と一緒にいると、それらを共有できるので、ますます楽しい時間を過ごすことになります。

このように、人柄力を身につけると幸せが倍増するのです。

さらに、人柄の良い人は、人柄の良い人を紹介してくれます。

先の章にも書きましたが、人柄力はその人にとって貴重な財産であり、ブランドです。知人として非常に失礼な人や不潔な人を紹介すると、本人の人柄力に傷がつく可能性があります。だからこそ、自分の大切な人、つまり人柄力のある人には、人柄の良い人しか紹介しないのです。

私自身も誰かを紹介する際には、紹介する相手にも、自分にも失礼にあたらない人物を紹介します。

人柄力のある人と親密になると、その人の素晴らしい人脈からも恩恵を受けます。

私自身も、以前勤めていた会社の人柄力のある先輩から、いろいろな団体やグループを紹介してもらいました。その中のいくつかに参加しましたが、人柄力があり、実力を持っている人が多く参加していて、活動内容も自分をより高めてくれるものでした。

人柄力のある人は、人脈を持っているので、１つの業種だけではなく、様々な業種や世界を知っています。そのため、そのような人と一緒にいるだけで、あなたが知らない世界や価値観、情報に触れることになり、自分の人生観も大きく変化します。

そして、その人生観がまた人柄力を作っていくという良い循環になります。

人柄力は、気がつかないうちにあなたを内面から変えていきます。それに気がつくとすれば、以前よく付き合っていた友人と話が合わなくなったり、会う回数が減ったりしたときです。それは友人が変わったのではなく、あなたの内面が変化したのが原因なのです。

人柄力がついてくると、さらに高い人柄力を求めるようになります。すると、今までの交友関係に違和感が出てくるかもしれません。

その際には勇気を持って、今までの交友関係を見直し、自分が目指すべき人柄力のある人とお付き合いすることをお勧めします。少なくとも、あなたの人柄力の成長を阻害する人とのお付き合いは、考え直した方が良いでしょう。

しかし、それらの交友関係をしっかりと見直すには、あなたが人柄力を持っていることが大前提です。

周囲の人にもたらすもの

人柄力を身につけると、職場のメンバーや家族・友人など周囲に癒しの効果を与えられることができるようになります。

癒しというのは、わかりやすく言えば「この人のそばにもっといたい」と思うような心地よさが感じられることです。「もっといたい」とは恋愛感情にも似ていますが、男女を問いません。自分への支持を感じたり、不思議なくらい安心感が得られたりするのが、ここで言う癒しです。

人柄力を持つと、いつも周囲の人が気持ち良くいられるように配慮をするようになります。癒すという行為をあなたは全く意識をしていないのに、相手には確実に癒しを与えることができます。例えるならば、滝や噴水など水しぶきが上がるような場所では、マイナスイオンが発生して心地よさを与えることがあるそうですが、まるでそのように不思議と癒されるのです。

職場には、複雑な人間関係や、長い労働時間、将来への不安などにストレスを感じているメンバーが多くいるはずです。悩みなく働いている幸せ者は少数派といえるでしょう。

部下を持つようになると、これらの部下の悩みやストレスを取り除かなければならない状況が発生します。

部下の悩みやストレスを取り除く力があるかどうかを、インバスケットでは、回答の文章から、配慮や励ましができるかなどを観察し、ヒューマンスキル（対人関係能力）として測定します。

しかし、実際にそのような部下の悩みを取り除けるような上司は、少ないのが事実です。配慮や励ますということは思いのほか難しい行動なのです。

それどころか部下に自分の悩みを話す上司もいるほどです。

部下は、上司には相談できない様な悩みを持っている場合も多く、日々ストレスを感じながら仕事をしていると言っても良いと思います。

しかし、**1人の人間が受けるストレスには限界があり、その許容範囲を超えると、コップから水が溢《あふ》れるようになんらかの障害が発生します。そして、この溢れた水を自分自身で拭き取ることは非常に難しい**のです。それどころか、溢れることにさえ気がつかない場合もあります。

そのため、誰かがその人の様子をよく見ていなければならないのです。

職場では、リーダーがその役割を果たさなければなりません。ただし、冷酷で人間性のないリーダーが突然部下の相談をうまく解決できるはずがありません。だからこそ、相手を癒す力が必要なのです。

人を癒すとは、単純に慰めることとはまた違います。簡単にいうと、あなたから出ている雰囲気を受け取って、相手の心のマイナス要素をプラス要素に変えることです。

例えば、かわいらしい子犬は、あなたを癒すために何をするわけでもありませんし、特別かわいいと思われるためのしぐさをしているわけでもありません。あなたはその子犬をみて「かわいい」や「大事にしてあげたい」という感情を自ら作り出しているのです。

人柄力のある人も人を癒す力を持っています。

「こんないい人が世の中にいるのだ」

「あんなふうに年を重ねられるといいな」

など、その人自身のごく普通の行動も、自然とそれに触れた人を幸せな気持ちにさせるのです。

人柄力を持ったリーダーは、部下を癒すことに加えて、部下の「自己効力感」を高めます。

自己効力感とは、人が何かをしようと考えるときに、「自分にはできる」と思う感情です。

例えば、何かに挑戦するときに、この自己効力感が低いと「どうせ失敗する」と感じますし、自己効力感が高いと「必ず自分にはできる」と感じます。

実際に近くで人柄力のあるリーダーを目の当たりにすることで、部下に自分もこんな人になれるかもしれないという感情が芽生えるのです。自己効力感が高まっている証拠です。

あなたに人柄力が備われば、多くの人があなたが発する癒しの効果を求めて近づいてくるでしょう。そんなときも、あなたはいつも通りに振る舞えば良いのです。それだけで癒しを求めてくる人たちに充分パワーを与えているのですから。

部下を癒し、さらに部下の自己効力感を高めることができれば、あなたは、リーダーの肩書に加えて、メンターの役割を果たせるようになります。

メンターは指導者と表現されることが多いようですが、その役割を果たすには、豊富な経験や知識、自分自身が成功を経験していること、そしてなにより、その人の人間性や性格などの人柄力が必要となります。

何かあったときに、自分の気持ちになって支援してくれる人、それがメンターであり、人が成長するための見本となる存在です。

メンターの大きな役割は、まわりの人が持っている不安を取り除き、障害を克服する支援をすることです。

間違ってはいけないのは、メンターが直接解決するのではないということです。

だからこそ、**人の心を癒す力をもって、部下の悩んでいることに対して、その部下自身の力で解決できるように支援をするのです。**

このメンターの役割を果たしている人が、肩書きの上だけでなく、本当の意味で〝真のリーダー〟だと言えるでしょう。

インバスケット思考＋人柄力は最高の組み合わせ

これまで人柄力を高めることのメリットを書いてきましたが、どのような力でも、その1つのみ抜きん出て素晴らしいというだけでは、ビジネスパーソンとして十分ではありません。

バランスや組み合わせが大事なのです。

先日、予防医学のセミナーに出たときです。

「まごわやさしい」

という言葉を教わりました。

これは、バランスの良い栄養食材をとる食生活を送るために提唱されている言葉です。

まめ、ごま、わかめ、やさい、さかな、しいたけ、いも、の頭文字を取った言葉です。

例えば、ごまが体に良いというテレビ番組の情報があると、スーパーの店頭から、ごまが一斉に品切れするほどの過剰反応が起きることがありますが、ごまをたくさん食べてもバランスが悪ければ、良い食生活とは言えません。

話は戻り、インバスケット職務遂行能力の測定ツールでも、問題発見力に抜群の発揮度があったとしても、意思決定力が著しく低ければ、良い判断ができないということになります。

そして、人柄力もインバスケット思考も、それぞれは、あくまでも1つの要素です。

もう少し詳しくご説明します。

現在のビジネスパーソンの役割は1つではありません。

1人でも部下を持つ立場であれば、意思決定者・責任者・育成者・カウンセラーなど様々な役目を果たさなければなりません。

インバスケット思考は、問題解決や優先度設定、リーダーシップなどを含む職務遂行能力ですが、これだけで全ての仕事、特に人を動かす仕事が務まるとは言えません。

私は、これまで数多くのビジネスパーソンを前にインバスケットを教えていますが、個人でのインバスケットのスコアがいかに高くても、その後のグループワークで、皆の意見を上手にまとめられず、結果が出せない人も数多く見てきました。

得てして、このような人は、自分の意思決定に自信を持っているので、力でまわりをねじ伏せようと無理に結果を出そうとします。

これでは、たとえ結果が出たとしても、チームの結果ではありません。そのときだけなら表面上は良い結果かもしれませんが、長く続かないのはご承知の通りです。

例えば、組織のリーダーをしていると、すべてが正しい筋道では進まない場合もあります。いや、メンバー全員に完全な納得感を持たせること自体、難しいことだと思います。それはリーダー自身にしても、完全な納得感を持てるような仕事ばかりではないからです。ときにはグレーゾーンと呼ばれる領域の仕事もあるでしょう。ビジネス上、やりたくないがやらざるを得ないケースもあるでしょう。部下が満足している仕事に対して、やり直しを指示せざるを得ないケースもあります。

そのような場合に、インバスケット思考だけを武器にしていると、ときに無防備状態となることがあります。武器を持つなら防具も必要です。

その防具となってくれるのが、「人柄力」なのです。

「人を動かす」ためには、ビジネススキルであるインバスケット思考と併せて、その土台となる「人柄力」が必要なのです。

インバスケット思考を素晴らしく発揮できたとしても、人柄力がなければ、人から協力を得たり、うまく組織をまとめたりすることはできません。

逆に、人柄力があっても、インバスケット思考が全くなければ、仕事を遂行することは難しいでしょう。

インバスケット思考と人柄力を併せ持つ人こそが、本物のプロフェッショナルだと私は考えます。

これが数多くのビジネスパーソンを見てきた私の結論です。

第3章

実践　人柄力インバスケット

※当問題は株式会社インバスケット研究所が独自に開発したものです。
※当問題を複写・複製・転載することは著作権上禁じられております。
※当問題は本来のインバスケットを、「人柄力」を測るために独自に改変したものです。

この章では、「人柄力」とはどういうものか、皆さんに気づいてもらうため、インバスケットに取り組んでもらいます。先にプロローグを読んでください。

◇プロローグ

朝6時過ぎ。東の空が少し明るくなってきたようだ。

吉田弘樹は営業所のドアの鍵を差し込むために、持っていた新聞を顎を使って挟んだ。この時間に出社するため、弘樹は毎朝4時に起床する。家族はまだ深い眠りについているので、音を立てずに着替えて、自宅のドアをそっと閉めて出勤する。次にこの扉を開けるのは夜の23時過ぎである。

営業所長になってから3カ月、この生活を繰り返している。

弘樹は、営業所長になったからには誰よりも早く出社して、部下が出勤するのを迎え、部下が全員帰ってから、自分が帰るのが当然であるという信念を持っていた。

これは弘樹が営業係長だった頃から、自分が所長になったら必ず実践しようと考えていたスタイルだった。

リーダーは部下になめられてはいけない、そしてリーダーが一番仕事をする姿勢を部下に見せることで、部下は自分についてくると信じていた。

営業係長時代の弘樹は、都心の大型レストランや喫茶店からの注文の多くを、ライバルのアマレットコーヒーと熾烈な競争の上獲得し、営業所全体の数字を大きく引き上げた。緻密な情報収集と戦略的な販売戦略、そして徹底して攻撃的な営業スタイルを貫いてきた。

まわりの成績の上がらない同僚を見ていると、弘樹は時折こう思うのであった。

「俺のやり方をまねれば少なくとも目標は軽く達成できるのに」

そして、弘樹は35歳で最年少として昇格試験を受けることになる。

眠る時間も惜しんでがむしゃらに勉強して、筆記試験、集団討論、論文、そして超難関と言われたインバスケットもトップレベルで通過する。二次試験の役員面接では、斬新で攻撃的な営業戦略を発表して面接官である役員を唖然《あぜん》とさせた。

優秀な業績と試験の結果から、すぐに昇進するだろうと周囲からも思われていた。

そして、下馬評通り、昇格試験合格通知と同時に、この東京南営業所の営業所長への昇格人事が発令されたのだ。

弘樹の勤める「マッカランコーヒー」は、中堅のコーヒー豆卸売業者である。自社で仕入れた珈琲豆を自社内の焙煎工場で、自社ブランドの珈琲豆とし、これを販売している。

加えて、喫茶店などの開店支援を含めて、各種飲食店の経営指導を含めたフルサポート体制を敷いている。

しかし、ここ数年で大手コーヒーチェーンが出店を拡大し、マッカランコーヒーが強さを発揮していた昔ながらの喫茶店の多くは閉店した。

そのため、常に新規開拓を続けなければ売上が維持できない状態であった。さらに昨今の珈琲豆市場の高騰《こうとう》と、ライバル業者との熾烈《しれつ》な価格戦争などから、マッカランコーヒーの業績は決して好調とは言えない。

弘樹が配属された東京南営業所は、ホテルなどの大口顧客が多く、マッカランコーヒーにとっては死守しなければならない地域である。それだけ、自分に掛けられた期待は大きいと弘樹は感じていた。

東京南営業所の組織は、所長1名と営業係長が3名、そして営業員が6名、総務担当が2名の12名のチームである。営業所の1階は倉庫となっており、そこから営業員が注文を受けた商品を車に乗せ、直接店舗に配達する仕組みである。

前営業所長の宇野からは、チームのメンバーは非常に優秀だと聞かされていたが、弘樹から見ると、決して優秀だとは思えなかった。たるんだ空気があり、目標を達成しようという緊迫感が足りないし、最も問題だと思ったのは、考えて仕事をしないことであった。

弘樹はこの営業所に来てから「もっと考えろ」と毎日部下に言い続けた。

また、弘樹は着任早々、部下を同行させて得意先を回り、弘樹風の営業スタイルを伝授しようと考えた。部下はできないのではなく、教えられていないのだと考えたからだ。

そして、弘樹自身が営業に出ることにより、いくつかの新規開拓に成功し、営業所の数値は下降から上昇に転じた。

意外と簡単に問題を解決できたように思えたのだが、弘樹が営業所長の本来の業務に戻り、営業の第一線から離れた瞬間から、また数値は一気に下降したのだ。

どうして自分が苦労して開拓してやった顧客先を維持できないのか、営業係長を並べて叱咤激励するが、その係長からは反省というより、壊れた機械のような油臭い沈黙しか返ってこなかった。

今まで優秀な営業マンだった弘樹には、営業所長としての組織運営や本社との調整、労務管理などの新しい業務に加え、一向に数字を上げない部下に対しての歯がゆさが、かなりのストレスになっていた。事実、今まで経験したことの無い胃痛にも悩み始めていた。

〝自分は今まで良い評価を得てきたのに、こんな小さな営業所１つうまく運営できないし、営業結果はますます悪くなる一方だ。これだけ必死にやっているのに、これ以上どうしたら良いのか？〟

と自問自答する毎日である。何か大きな壁にぶつかったようだが、その壁が何かわからないまま時間が過ぎていった。

〝とにかく数字を上げるしかない。自分の考え方は間違っていないし、いつか部下もわかってくれて、ついてくるはずだ〟

今日もそのようなことを考えつつコーヒーを飲みながら、出張に行っていたため、未処理だった昨日の営業結果に目を通していると、小さな声で挨拶をしながら、従業員が続々と出勤してきた。

〝なぜ、元気がないのか？　よし、今日の朝礼で大きな声で挨拶をして、元気づけよう。〟

と思いながら、朝礼での連絡事項を確認するため、手帳を開け今日のスケジュールをまとめていた。

すると、戸村営業係長が弘樹のもとに、不思議そうな顔をしながら声を掛けてきた。

「あれ？　所長、今日会議じゃないんですか」

「え。所長会議だろ。あれは来週だろ。毎月第三木曜日だよ」

弘樹が返事をすると、戸村がまた返した。

「そうでしたかね。なんか今月は第二木曜になるとか、メールで案内が来ていたような」

「本当か。ちょ……ちょっと確認する」

きっと戸村の勘違いだろうと感じたが、嫌な予感がしたのですぐにメールを確認する。

メールの中に、

〝【重要】営業所長会議日程変更のご案内〟

という件名を発見した。

〝しまった。どうして……見過ごしていたのか〟

弘樹は慌てて内容を読むと、戸村の言う通り、今日の11時〜18時で会議が入っている。

この会議は営業所長が必ず出席をしなくてはならないと決められていた。頭の中がぐるぐると凄い勢いで回転し出した。

〝11時だとまだ間に合う。不幸中の幸いと考えよう。今から朝礼して、準備をすればまだ間に合う〟

窓側に掛けてある銀色の時計を見ると、8時45分である。すでに朝礼の準備が整っているのか、社員たちが弘樹をチラチラと見ている。

弘樹はその視線を感じながら、いつもと同じように装って手帳を持って立ち上がった。

そして弘樹は朝礼をいつも通り9時に終え、自分が10時に営業所を出ることを全員に告げ、メールチェックを開始した。営業員たちはすぐに事務所を飛び出て行った。

ここからは、あなたが吉田弘樹になりきり、以降の案件の処理を行ってください。

本日は12月10日。現在の時刻は午前9時。あなたは会議出席のために午前10時には営業所を出ようと思っています。

今回のインバスケットについて簡単にご説明します。

・回答は選択式ではない

これまでの私のインバスケット本では、スムーズに読めるように、選択肢を用意していました。しかし、本来インバスケットは、自分ならどのような判断・行動をするかを自由に回答するものです。

あなたなら、どのように対応するかをメモなどに書いてから、解説を読んで〝気づき〟

を得てくれれば幸いです。

・時間制限を外している

インバスケットを実践した人から「もっと時間があればできたのに」という声を聞きます。

そこで、今回はあえて時間制限を外しています。案件を完全に処理するにはどうするべきか、案件処理の深さに挑戦してください。自分で時間設定するのも1つの方法です。

マッカランコーヒー株式会社
東京南営業所　組織図

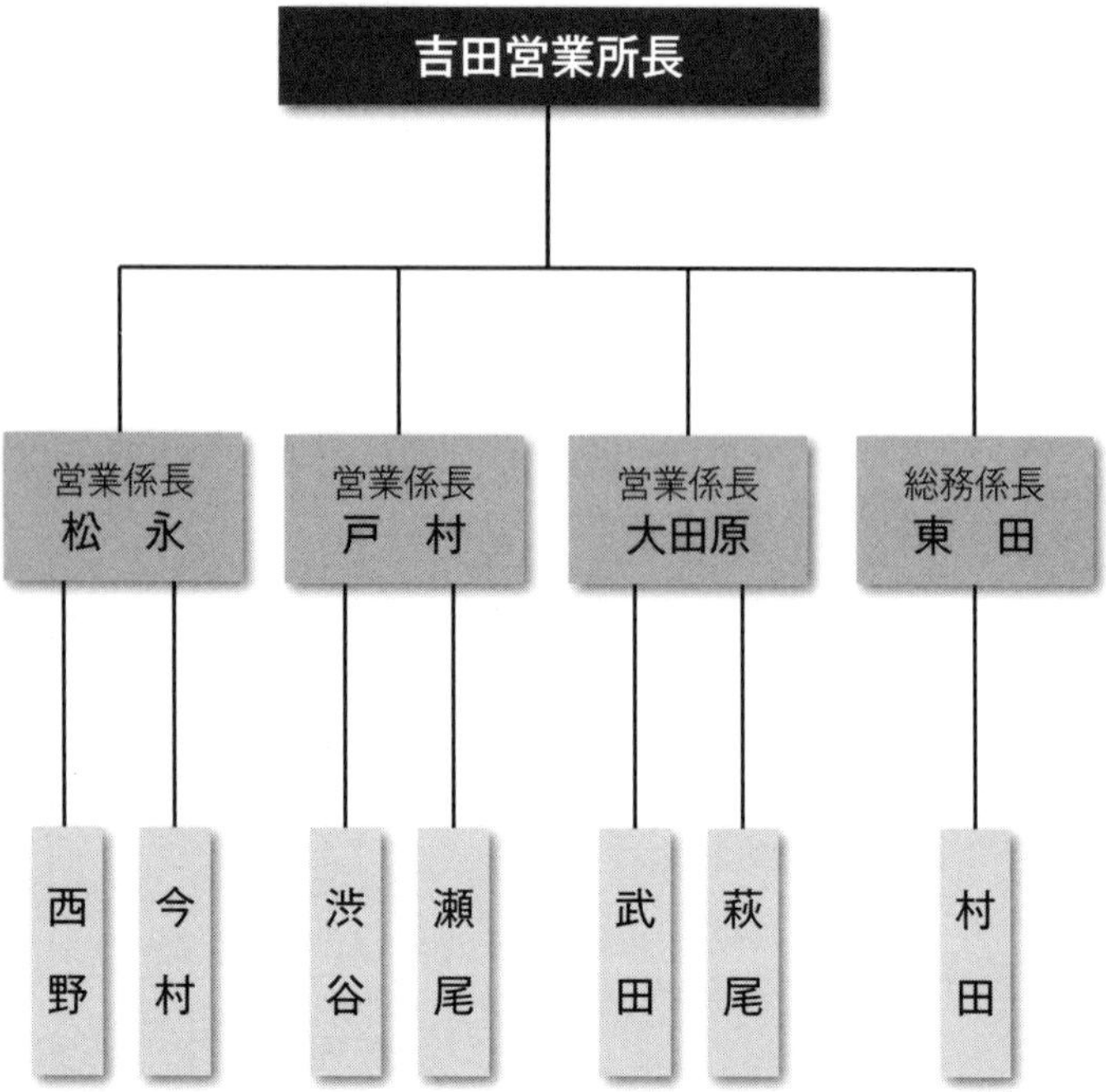

案件1

大田原からのメール

差出人	大田原営業係長
件名	カフェ・ルマンドの件
宛先	吉田営業所長
CC	
送信日時	12月9日　18：05

吉田営業所長殿

大田原です。

カフェ・ルマンドの件ですが、説得の甲斐あり、どうやらオーナーに閉店を思いとどまらせることに成功しました。

ルマンドはうちの会社が10年前に開店指導を行った店で、現在オーナーと奥さんの2人で経営しています。

この10年、まわりにライバル店ができる中、1日も休まずに良く頑張ってこられたと思います。

私が開店に立ち会ったのですが、オープン日をお2人の入籍日にしたとのことで、この10周年を迎えるあたり、今後はお2人でゆっくり過ごしたいので、店を閉めたいと話していました。

うちの会社としての納品高はたいして大きくないのですが、なんとか閉店を思い止まるように説得した結果、後1年は営業していただくことになりました。

12月14日がオープン10周年にあたりますので、納品価格を2割引で対応したいのですがよろしいでしょうか。

2．しかも風味が落ちている

豆も硬くなっていて、酸化しているような気がします。これでは何のために価格の高いパックを仕入れているのかわかりません。


これらはコーヒーを愛する者なら許される行為ではないはずです。

御社の常識あるご返答をお待ちしております。


容量についてのご指摘は、本社の品質管理部門に問い合わせたところ問題ないとの見解でした。事前に案内もしていますし、袋の容量についても訂正シールを貼っています。

袋はなくなり次第、小さい袋に差し替えるとのことです（いつもやっていることです）。

風味については検査しましたが問題ないそうです。

そして、「社内の管理規定通りであり、問題ない」と返答しろと言われています。

もともと、このオーナーは常識がない方で有名です。どうしましょう。

松永

案件2　顧客からの手紙

マッカランコーヒー株式会社
東京南部営業所所長殿

お世話になります。
コーヒー工房「通の店」代表の大西健太です。

今回お手紙を書かせていただいたのは、御社の「ハワイアンスペシャル極上」の件です。

10月20日に納品されたこの豆ですが、

1. 今までと同じ容量の袋なのに、容量が2割減っている。

　営業担当の西野さんに問い合わせしたところ、「豆の価格高騰により、価格を据え置く代わりに容量を減らした。この件は事前連絡しているし、注文書には2割減らした容量を記している」との説明でした。
　しかし、我々は注文書の細かなところまで見ていません。袋の大きさが同じなら、中身も同じだと思うのが常識ではないでしょうか。

案件3

戸村より電話

所長、戸村です。
すいません。今1階の倉庫にいるのですが、少々厄介なことが発生しました。

実は、3日前に村岡珈琲豆店より預かっていた「エメラルドパナマAA」20キロが倉庫より紛失しました。

かなりヤバいことになっています。

この豆は現在市場にほとんど流通していなく、手配は難しいです。

顧客からの預り物ですので、紛失となれば会社の信用問題です。

現在、渋谷と瀬尾も倉庫を再度点検しております。渋谷が村岡珈琲豆店から預かって、営業車から倉庫に移したはずなのですが、定かではなく、最悪、営業車に乗せたまま盗難に遭った可能性もあります。

村岡珈琲豆店からは、本日の正午までには必ず持ってくるように言われております。

この豆は、村岡珈琲豆店から防虫消毒のために、一時的に私の判断でお預かりしたものです。

案件4

大田原からのメール

差出人	大田原営業係長
件名	萩尾は私に任せて下さい
宛先	吉田営業所長
CC	
送信日時	12月10日　8：21

所長へ

うちの萩尾に優しいお言葉をお掛け下さったそうで、ありがとうございます。

萩尾は入社2年目の若手ですが、まだまだ軟弱さが抜けません。

営業である以上、相手に対して断るべきものは断り、競争相手をたたきつぶすくらいの勢いがないとこれからの営業はやっていけません。

それに、これだけの少人数で何とかやっているので、いつまでも甘えがあっては私が困ります。

所長がお気遣いいただくのは非常にありがたいのですが、萩尾の教育は私にお任せ下さい。

昔からの諺《ことわざ》で「かわいい子は旅出たせよ」と言います。

宜しくお願いします。

大田原より

案件5

東田が小声で話してきた

吉田所長、ちょっとよろしいですか。
実は昨日、大田原さんの営業車が駐車違反で切符を切られたらしいのです。

なんでも、急ぎの納品があり仕方なく、たまたま路上駐車したのだとか……。

「所長に言うと、営業車が使えなくなるかもしれなから。内々に処理をして欲しい」と言われたのですが、内々と言われても……。

これどうしたらいいですか?

案件6

上司からのメール

差出人	熊沢統括部長
件名	〔重要〕人件費オーバーの件
宛先	吉田営業所長
CC	
送信日時	12月10日　9：00

吉田所長

君の営業所だけ、人件費、残業代がかなりオーバーしている。
攻めも大事だが守りもしっかりしてもらわなければ困る。

いい加減、営業所長としての自覚を持て。

こんなことでは、私はもうこれ以上フォローできない。

期待していたのに非常に残念だ。

案件 7

上司からのメール

差出人	熊沢統括部長
件名	〔依頼〕川崎営業所応援の件
宛先	営業所長各位
CC	
送信日時	12月9日　22：05

各営業所長殿

川崎営業所で急遽2名の営業員の応援が必要になった。
応援可能な営業所は、川崎営業所に応援を出すように。

ーーーーーーーーーーーーーーーーー転送内容ーーーーーーーーーーーーーーーーー

熊沢統括部長殿

先ほどお電話した件を再度メールにまとめました。
応援をいただききたいのは、
1月13日と1月15日の2日間です。
それ以外は、私も含めて何とか致します。

営業員の欠員がもともと1名あったのと、今回、新たに退職者と病気で入院するものがおり、このままでは上記の日程の配達などが滞り、お客様にご迷惑をお掛けする可能性があります。
なんとかお助けいただければと思っております。

川崎営業所長　石橋

案件8

松永が声を掛けてきた

すいません。所長。
実は戸村さんなのですが、奥さんが破水したらしいです。

すぐに帰ってあげた方がいいと思うのですが、戸村さんは帰ろうとしません。

所長から声を掛けてあげてくれませんか。

案 件 9

松永よりメール

差出人	松永営業係長
件名	ご提案
宛先	吉田営業所長
CC	
送信日時	12月9日　20：11

吉田所長殿
お疲れ様です。
かねてより考えておりましたが、当営業所にも顧客別の戦略的営業施策が必要ではないでしょうか。
今までのように御用聞きスタイルでは、コストと労力の割には結果が上がってきません。

そこで画期的な戦略を考えたのですが、生協の仕組みを取り入れた集団購入形式が取れないかと考えています。
名づけて「珈琲豆生協」です。
これは画期的だと思います。

具体的には、小規模の事業主（町の喫茶店）を対象に、共同購入形式で注文を受け、地域の代表店舗に納品するというものです。
そして、地域の代表店舗に各店舗のオーナーが自分の発注した商品を取りに来るというシステムです。代金も持ち回りで回収してもらいましょう。

こうすれば、我々が売上の割にはコストがかかりすぎている小規模顧客対策にもなりますし、小規模顧客から見れば、大量に仕入れることなく、自分の欲しい分だけ仕入れが可能になります。

これはライバル社も導入していないシステムですので、先行導入すれば将来の糧《かて》になると思いますがいかがでしょうか。

案 件 10

東田より内線電話

吉田所長、ちょっといいですか。

先ほど依頼された報告書のコピーですが、終了しました。

表紙含めて46ページで良かったですよね。
10部必要とのことですが、ホッチキスどめでよろしいでしょうか?

案件11

大田原からのメール

差出人	大田原営業係長
件名	〔至急〕みのりハイウェイサービス様の件
宛先	吉田営業所長
CC	
送信日時	12月9日　20：19

みのりハイウェイサービスより、エメラルドパナマAAを10キロ手配するように指示を受けております。所長もご存じの通り、この豆は稀少性の高い、高級豆で調達が難しいです。しかし、倉庫を見ておりましたら、おそらく返品されたのであろうエメラルドパナマAA20キロを発見しました。

真空袋は開封されており、原則、販売はできないのですが、鑑定士レベルでも、わからないと思いますし、味覚もほとんど変わりません。

この在庫もこのまま廃棄するのはもったいないですし、顧客も喜ぶので、ご了解いただければと思います。

いったん在庫は営業車に乗せて、すぐに納品できる態勢をとっています。

責任は私が取りますので、ご心配には及びません。
バシッと決断をお願いします。

案件12

東田からのメール

差出人	東田総務係長
件名	よろしくお願いします
宛先	吉田営業所長
CC	
送信日時	12月9日　16：15

吉田所長

お疲れ様です。東田です。
実はお願いがあります。
先日、村田より報告を受けたのですが、最近、会議室の後片づけにかなり時間がかかっているとのことです。

特に毎週火曜日の営業会議のときは、食べ終わった後のお弁当や空き缶、灰皿などの片づけが大変です。

もちろん、後片づけは私たちの仕事ですが、自分達が食べたお弁当の空き箱だけでも、処理していただけると助かります。

東田

案件13

他営業所からのメール

差出人	東京北営業所　高崎営業所長
件名	ご依頼
宛先	吉田営業所長
CC	
送信日時	

東京南営業所
吉田営業所長殿

毎日の激務お疲れ様でございます。

東京北営業所所長の高崎でございます。


早速ですが、本日メールをお送りしたのは商品振り替えのご依頼です。

実は、先日、当営業所の営業員が大口取引先の高急ホテルよりモカブレンド20キロの注文を受けました。

しかし、ご存知の通り、モカブレンドは、モカの生豆自体が輸入できなくなっており、国内の流通在庫も非常に少なくなっております。

そのため、今回の注文は納品できない状態なのですが、相手は納得されていないので、ほとほと困っておりました。

すると、熊沢統括部長から、貴営業所が先見の明を持って在庫を確保されているとうかがい、藁《わら》をもつかむ気持ちでご依頼したというわけです。


私の教育不足と先を読む力がなかったと深く反省しておりますが、なにとぞモカブレンドを20キログラム融通していただけないでしょうか。

所長
モカブレンドは我々がリスクを張って、確保しているものです。
それを軽く下さいとは、調子が良すぎますよ。
受けないでください。
大田原

案件14

商工連絡会議所からの連絡文書

株式会社マッカランコーヒー
東京南営業所所長様

平素より当会の運営にご協力賜わり、ありがとうございます。

さて、このたび当会において、宇田川周辺の清掃活動のボランティアを募集しております。

ご多忙中かとは思いますが、ぜひ、ご参加賜りますようご案内申し上げます。

実施日	12月19日
時間	午前9時から午後6時まで
募集人数	50名
行動内容	宇田川周辺のゴミ拾いおよび小中学生の指導・監督
申し込み先	東京南商工連絡会議所　地域企画開催課　小野まで
その他	当日は動きやすい服装にてお越しください。 ゴミ袋や清掃道具も各自持参してください。

所長、みんなに声を掛けましたが、この日は日曜なので誰も参加したくないようです。
私も当日用事があり、参加できません。
商工連絡会議所からは必ず1名は出して欲しいと言われています。
どうしましょうか?　所長はお忙しいですよね
東田

案件15

今村からの手紙

吉田所長殿

このたびは、大変ご迷惑をお掛けすることになり、申し訳ありません。私も35歳の節目にあたり、前々から退職を考えていたものの、なかなかご相談ができませんでした。今回、退職届を受理していただいたことで、気持ちの整理ができました。

また、温かい励ましの言葉をいただいて、つい涙腺が緩くなってしまいました。

あのときに、明確にお答えできなかったのですが、実はある事業を計画しております。
その事業とは、海外からブランド品を個人輸入して販売するものです。

ただ、会社設立や経営などのノウハウが全くなく、早速、悩んでおります。
特に帳簿や登記などについて、相談できる人間がまわりにおらず、バタバタとしております。

自分で決めた道ですので、なんとかやり通すつもりではありますが、ご迷惑をお掛けしているのに申し上げにくいのですが、今後ともご指導お願い申し上げます。

ありがとうございました。

今村勝紀

案件 16

東田が慌てて話しかけてきた

所長！　どうしましょう。大変です。もう駄目です。
とうとう私のパソコンが壊れました、きっと中のデーターも全てなくなっていると思います。

どうしたらいいか、私にはわかりません。

今日は請求書などの送付がたくさんありますが、今までのよく使うファイルも全てハードディスクに入っているので仕事ができません。

それに今日10時までに本社に送る監査書類も、消えました。
昨日1日掛かりで作ったのに……どうしたらいいか。

だから「早く買い替えて下さいって」お願いしていたのに、もうどうしたらいいのか……。

案件17

上司からのメール

差出人	熊沢統括部長
件名	〔重要〕直販計画について
宛先	吉田営業所長
CC	
送信日時	12月9日　21：15

吉田所長殿

経営層より以下の指示が来ている。

君のところで具体的なプランを練ってくれ。

1週間後に報告を聞きたい。

宜しく頼む。


－－－－－－－－－－－－－－－－－転送内容－－－－－－－－－－－－－－－－－

宛先：熊沢統括部長殿
発信：杉山専務取締役

熊沢統括部長へ

本日の取締役会で、社長のアイデアである「一般消費者をターゲットにした本格的珈琲豆の直販」を全会一致で合意した。

ついては、熊沢さんの管轄営業所1カ所を選び、具体的な実施に向けて進めて欲しい。

この企画は、卸販売が低迷する中、新しい試みとして、本格的な珈琲豆を小容量で販売できるプロトタイプを構築するものである。

そのために営業所に小型店舗を併設し、試飲コーナーや珈琲のある生活シーンを提案するなど、今までにない試みを期待している。

だからこそ、今回は現場からの声をそのまま企画にするよう社長から指示をされている。

わが社にとって将来を占う試金石になる可能性があるので、宜しくお願いしたい。

案件18

大田原よりのメール

差出人	大田原営業係長
件名	12月12日同行スケジュールについて
宛先	吉田営業所長
CC	
送信日時	12月9日　19：14

所長

お疲れ様です。
12月12日の所長の営業同行スケジュールを作りました。

09：00　営業所出発
09：15　喫茶カンパーニュ
09：45　コーヒーニューヨーク
10：15　カフェ・ド・ミラン
10：35　ビジネスホテル三松
10：55　三観ビルレストラン
11：20　ホテルキャピタル
12：00　喫茶双葉
12：20　レストラン五洋
（営業車内で食事しながら移動）
12：50　ハイウェイミドリ
13：15　カフェ・ド・ビューネ
13：40　イタリアンレストラン カラマタ
13：55　オアシス三田
14：15　営業所帰着（その後会議）
もう数店舗入れたいのですが、これが精一杯のようです。

宜しくお願いします。

案件19

上司からのメール

差出人	熊沢統括部長
件名	リバーエンドホテルの件
宛先	吉田営業所長
CC	
送信日時	12月9日　12：14

吉田所長殿

先日、リバーエンドホテルの支配人と会食をした際に、最近、君の営業所の戸村君の提案方法が良くなったとお褒めの言葉をいただいた。

この調子で頑張ってくれ。

案件20　松永よりメール

差出人	松永営業係長
件名	ご報告
宛先	吉田営業所長
CC	
送信日時	12月9日　12：10

吉田所長

お疲れ様です。
定例報告です。

本日、みなもと高齢者施設の従業員食堂に営業に行って参りました。
そこで、入居されている高齢者の方とお話をする機会があったのですが、その方はコーヒーが好きで、できれば個人で購入できないかと相談されました。

弊社では、個人販売は行っておりませんが、本格的な珈琲を飲まれる高齢者が多いようなので、数名まとめてご注文いただき、小分けで納品するなどの方法も検討していただけないでしょうか。

もちろん、手間を考えれば利益は出ませんが。これから高齢化に向けて新たな市場のような気がします。

◇解説

ここからは、「実践　人柄力インバスケット」の解説に入ります。

あなたがどのように回答したかを踏まえて、解説を読んでください。

インバスケットには絶対的な答えはありません。

この人柄力インバスケットもそうです。

そのため、〝絶対にこうしなければいけない〟というような解説の仕方はしていません。

あなたには、解説を読むことで、人柄力についての〝気づき〟を得てもらえればと思っています。

そして、あなたが今後、人柄力を高めていくには、どのようなことを意識すればよいのかを考え、それを実行していくことが大切です。

それでは、解説に入ります。

案件1

「お祝いで値引きしますよ」

大田原からのメール

差出人	大田原営業係長
件名	カフェ・ルマンドの件
宛先	吉田営業所長
CC	
送信日時	12月9日　18：05

吉田営業所長殿

大田原です。

カフェ・ルマンドの件ですが、説得の甲斐あり、どうやらオーナーに閉店を思いとどまらせることに成功しました。

ルマンドはうちの会社が10年前に開店指導を行った店で、現在オーナーと奥さんの2人で経営しています。

この10年、まわりにライバル店ができる中、1日も休まずに良く頑張ってこられたと思います。

私が開店に立ち会ったのですが、オープン日をお2人の入籍日にしたとのことで、この10周年を迎えるあたり、今後はお2人でゆっくり過ごしたいので、店を閉めたいと話していました。

うちの会社としての納品高はたいして大きくないのですが、なんとか閉店を思い止まるように説得した結果、後1年は営業していただくことになりました。

12月14日がオープン10周年にあたりますので、納品価格を2割引で対応したいのですがよろしいでしょうか。

あなたの回答に

〝そこまでしてくれるのか〟と思われる指示が入っていますか？

人柄力のある人は「そこまでしてくれるのか」と言わせる

この案件について、インバスケット思考では、例えば、割引価格が妥当なのか、もしくは長期的に経営を続けさせるための対策検討などの行動が考えられますが、人柄力のある人はそれに併せてこのように考えます。

〝オーナーは何を望んでいるのか〟

問題の背景を見てください。オーナーは今まで1日も休まず、お店を営業してきているという情報があります。そこから、オーナーは疲れている、もしくは奥さんと一緒にゆっくりすることを望んでいるのではないかと考えることはできないでしょうか。

このように**人柄力のある人は、相手が何を望んでいるのかを踏まえた上で、それを満足させるためにはどうするべきなのかを常に考えます。**

それで考えるとすれば、例えば、オーナー夫婦を旅行に招待し、その間お店を代理で運営できる応援態勢を敷けば、オーナーはきっと「そこまでやってくれるのか」と言ってくれるでしょう。

このようなプロ意識を見せると、オーナーはあなたを信頼し、頼りにしてくれます。いえ、オーナーだけではありません。部下もあなたの行動を見て「これがプロの仕事なんだ」と思うはずです。

自分の仕事ぶりについて振り返ってみてください。きっと、他人からみれば「そこまでやるか?」と思われるような仕事をしたことがあるのではないでしょうか。それは実は、人柄力の基礎をなすものでもあるのです。

「そこまでやるか」と言われる仕事には、必ずそれまでに積み上げられたプロ意識が宿っています。そして、常にそのようなプロ意識を持ち続けるには、責任感と勤勉な姿勢、そして向上心がなければなりません。

このようなケースに遭遇《そうぐう》したときに、相手が何を求めていて、どのようにすれば満足するのかを考えられるようにするためには、日々そのような眼を持っていなければなりません。

そして、「どうすれば相手を満足させられるのか」を考えなければならないのは、どの職業でも同じです。

私は、講義をする際にはビデオカメラで自分を撮影し、講義終了後、内容をはじめ、プレゼンテーションの技術などをセルフチェックします。気づきにくい癖《くせ》を発見し、それを改善することで研修をいっそう良いものにしたいからです。

研修講師というのは、自分自身が商品そのものですから、その商品が劣化すると高いお金を出している人に申し訳ありません。

ビデオを見ていると、いろいろなことに気づきます。

〝講義に熱が入ってくると、自分が思っているよりも、早口になっている〟

〝標準語で話していたと思っていたけど、ときおり、関西弁が出ている〟

など、自分のスタイルについて、見るたびに気づきがあります。ひょっとしたら受講生の人からはほとんど気がつかれていない部分かもしれません。

しかし、少しでも相手に提供するものを高めたいというプロ意識は持ち続けていたいです。

人柄力を磨くには、自分の仕事に対してプロ意識を持つべきです。そのためには、「ここまでやればいいだろう」と自分の仕事に妥協するのではなく、「どこまでできるのか」をプロとして常に追求しなければなりません。

小さなところや見えないところでこそ、「そこまでしなくてもいいのでは」と思われるほど、プロとしてプライドを持ちましょう。

その積み重ねが、必ず5年後10年後にあなたの人柄力としてまわりからの信頼を得るものになるはずです。

2. しかも風味が落ちている

　豆も硬くなっていて、酸化しているような気がします。これでは何のために価格の高いパックを仕入れているのかわかりません。


これらはコーヒーを愛する者なら許される行為ではないはずです。

御社の常識あるご返答をお待ちしております。


容量についてのご指摘は、本社の品質管理部門に問い合わせたところ問題ないとの見解でした。事前に案内もしていますし、袋の容量についても訂正シールを貼っています。

袋はなくなり次第、小さい袋に差し替えるとのことです（いつもやっていることです）。

風味については検査しましたが問題ないそうです。

そして、「社内の管理規定通りであり、問題ない」と返答しろと言われています。

もともと、このオーナーは常識がない方で有名です。どうしましょう。

松永

案件2

「中身が少なくなっている」

顧客からの手紙

マッカランコーヒー株式会社
東京南部営業所所長殿

お世話になります。
コーヒー工房「通の店」代表の大西健太です。

今回お手紙を書かせていただいたのは、御社の「ハワイアンスペシャル極上」の件です。

10月20日に納品されたこの豆ですが、

1. 今までと同じ容量の袋なのに、容量が2割減っている。

　営業担当の西野さんに問い合わせしたところ、「豆の価格高騰により、価格を据え置く代わりに容量を減らした。この件は事前連絡しているし、注文書には2割減らした容量を記している」との説明でした。
　しかし、我々は注文書の細かなところまで見ていません。袋の大きさが同じなら、中身も同じだと思うのが常識ではないでしょうか。

あなたの回答に

「社内の常識に仮説を持った」要素が含まれていますか？

人柄力のある人は常識ではなく「良識」を持っている

相手へのお詫び、そして代替品の用意、回収品の再検査などプロセスに基づいて案件処理を行うのがインバスケット思考です。しかし、**人柄力のある人の行動特性は「常識」を基準に考えず、「常識」が本当に正しい考え方なのかという仮説を持った「良識」に基づいたものです。**

社内の事情で量を減らしたが、以前の袋が残っているので訂正してそれを使う。その行動が良いか悪いかを言っているのではありません。「これが社内で常識になっているから、それが健全な判断である」という考えに問題を感じて欲しいのです。

常識とは、判断のよりどころになる指標としてビジネスの場面で使われます。「常識的に判断して○○……」と言うと、それなりの判断をしているように思えます。しかし、〝常識〟は人の捉え方によって違うものです。

人は自分の常識を真の常識だと捉えるものです。

例えば、待ち合わせの時間の5分前にその場所に行くのを常識だと考える人もいれば、10分前に行くのが常識だと考えている人もいるのです。

あなたが社会人となり、会社に入ったときには、学生時代と大きなギャップを感じたのではないでしょうか。それは、学生時代に常識だと思っていたことが、社会人の常識だとは限らないからです。現在のあなたの常識は、そこから年月を経ることで、まわりの常識を吸収しながら作り上げられたものなのです。

そもそも、あなたの常識が本当に絶対的な常識なのでしょうか。

インバスケット研修を行っていると、様々な常識に出会います。開場して部屋に入る際に、「失礼します」と元気な声で入ってくる会社の人、一方で時間ぎりぎりに、入れたてのカップコーヒーをフーフー吹きながら入ってくる会社の人。これはそれぞれの常識なのです。

つまり、常識というものは、人によって違う可能性があるのです。

自分の常識を絶対的な常識であると思っている人は、研修を受けても何も得ることができないような気がします。なぜなら、**常識という名のもとで判断を避けているから**です。

また、**〝社内の常識は世間の非常識である〟**とよく言われます。

社内の常識に基づいて判断すると、当然、社内では当たり前の判断として受け入れられます。しかし、それは社外に対しても、常に当たり前の判断だと言い切れるでしょうか。

人柄のある人は〝その常識が、本当に顧客にとって常識なのか？〟を考えることで、相手の主張を受容（受け入れて取り込む）することができるのです。

相手の主張を受容するということで言えば、近年、どの企業でも、〝ダイバーシティ（多様性）〟という言葉をキーワードにして、社員の多様性の受容することに熱心に取り組んでいます。〝ダイバーシティ〟は、直訳すると〝多様性〟ですが、「多様性の受容」という考え方を表すキーワードとして使われています。

常識の捉え方が一人一人違うように、考え方や価値観も個人でそれぞれ違います。

そして、リーダーには、社内の常識に縛られることなく、お客様はもちろんのこと、社員個々の違いも受け入れて、それを活かすことが求められています。

あなたのチームには様々なメンバーがいて、それぞれ個性がありませんか？

もし、あまり個性を感じないのであれば、すでに「多様性」がなくなっているリスクがあります。

多様性がなくなると、組織は成長しません。そして、革新的な発想も出てきません。

例として、雪がよく降る地域にあるスーパーマーケットの売り上げが急減した際のお話をします。

なぜ売り上げが急減したのかを調査をしたところ、ライバル店の駐車場が満車状態の繁盛ぶりだったのが原因、つまりお客様を取られていたのです。しかし、商品の価格も鮮度も引けを取っていません。なぜお客様がそのお店に行くのかがわからないのです。

しかし、閉店前にライバル店の駐車場を見ると、なぜお客様がそのライバル店に行くのかがわかったそうです。駐車場には、融雪装置がつけられていて、車が止めやすくなっていたのです。

これは常識的なことのように思えますが、そのお店では、駐車場は買い物に来るお客様への〝サービス〟だと考えていたので、そこにコストを掛けることなど会社内では非常識だと考えられていたのです。

つまり、社員全員が社内の常識にとらわれていたということです。

逆に、社員が社内の常識にとらわれない〝良識〟を持っていれば、革新的なアイデアが生まれます。もちろん、社内の常識を無視して良いというわけではありません。ケースによっては、社内の常識が本当にあてはまるのかどうかを検証する姿勢が大切なのです。これが、〝良識〟なのではないかと私は考えます。

良識を身につけるためには、まず、相手の個性や考え方を受容することがポイントです。

常識という言葉で片づけるのではなく、良識を活かしてこそ、人柄力なのです。

案件3

「預り物がなくなりました」

戸村より電話

所長、戸村です。
すいません。今1階の倉庫にいるのですが、少々厄介なことが発生しました。

実は、3日前に村岡珈琲豆店より預かっていた「エメラルドパナマAA」20キロが倉庫より紛失しました。

かなりヤバいことになっています。

この豆は現在市場にほとんど流通していなく、手配は難しいです。

顧客からの預り物ですので、紛失となれば会社の信用問題です。

現在、渋谷と瀬尾も倉庫を再度点検しております。渋谷が村岡珈琲豆店から預かって、営業車から倉庫に移したはずなのですが、定かではなく、最悪、営業車に乗せたまま盗難に遭った可能性もあります。

村岡珈琲豆店からは、本日の正午までには必ず持ってくるように言われております。

この豆は、村岡珈琲豆店から防虫消毒のために、一時的に私の判断でお預かりしたものです。

あなたの回答に

「客観的に判断している」行動が入っていますか？

人柄力のある人はどんなときも冷静に客観視できる

このような一刻を争い、不明確な情報下でも、人柄力のある人は常に冷静かつ客観的な判断をします。

あまりに自分自身のこととして捉えてしまうと、まわりが見えなくなり、この部下と同様におろおろしたり、感情をむき出しにしたりしてしまいます。

著書の『究極の判断力を身につけるインバスケット思考』（ＷＡＶＥ出版）でも書きましたが、トラブルが発生したら、まず行動の優先順位をつけて、速やかに実行する必要があります。

しかし、その行動の前提となるのが、冷静になり、かつ客観的に正確な現状を把握することです。

このケースでも、冷静かつ客観的に物事を観察できれば、おそらく紛失した珈琲豆のありかが、案件11から見えてくるのではないでしょうか。

「冷静かつ客観的に観察する」という事例を一つ上げましょう。

私が経営するインバスケット研究所は、横にコンビニがあり、買い物には便利です。

先日もそのコンビニに入り、必要なものをカゴに入れてレジに並んでいると、「あれっ、あれっ」という声が聞こえます。店内の誰もが、その声のほうに顔を向けます。

すると、コンビニの入り口の自動ドアの前で、お客様２人が立ち尽くしています。

どうやら自動で開くはずのドアが開かないようです。買い物を終えて、当たり前のように店を出ようとしたお客様だけでなく、レジで袋を渡されていたところの私もまた同じ運命です。自動ドアが開かないために、そのとき店内にいる全員が閉じ込められたのです。

私を含め、店の外に出たいお客様と、店に入りたいというお客様とが自動ドアを挟んで、にらめっこするという状態です。

私を含め数人の男性客がドアを開けようと、力任せに分厚いガラス戸をガタガタと動かしました。それによって、わずか数センチは開くのですが、それ以上はどうにもなりません。

女性の店員さんは、どうすればいいのかわからず、慌てた口調でどこかに電話をしています。きっとコンビニの管理者に指示を仰いでいるのでしょう。

ドアは、どうやら力任せでは開かないようで、私もどうしたものかと考えていました。目の前では、それでも力任せにやるほか良い方法を思いつかないのか、男性客たちはドアをガタガタさせ続けています。

「あれっ」

1人の女性客が、声を出しました。

「今、何か音がしませんでしたか。小さい音なのですが……。ドアの下付近から聞こえました」

ドアには触れず、ただじっとその状況を見つめていた彼女の観察に、私はピンと来るものを感じました。

私は、店員さんに自動ドアの電源を切ってもらい、ドアの溝に胸ポケットから取り出した万年筆を差し込んで探ってみました。

黒いホコリの塊と一緒に、何か手ごたえがありました。硬貨のようです。ホコリと一緒に出てきたのは真っ黒な五十円玉です。

この硬貨が引っかかっていたため、自動ドアは開かなかったのです。耳を澄まし、かすかな異変に気づいた彼女の冷静な観察力には、つくづく感心させられました。

人柄力のある人は、がむしゃらに力を出すものではありません。やたら焦ったり、パニックに陥ったりすることもありません。

落ち着いて、そのときに起こっていることを客観的に観察しているのです。

焦りや過度の不安は、見えるものも見えなくします。

平常心で、一歩引いて全体を見渡し、五感を駆使して、状況を認識するのです。

そして、平常時だけではなく、緊急時にも人柄力を発揮できる人は、チームのメンバーから全幅の信頼を受けることになるのです。

案件4

「余計なお世話です」

大田原からのメール

差出人	大田原営業係長
件名	萩尾は私に任せて下さい
宛先	吉田営業所長
CC	
送信日時	12月10日　8：21

所長へ

うちの萩尾に優しいお言葉をお掛け下さったそうで、ありがとうございます。

萩尾は入社2年目の若手ですが、まだまだ軟弱さが抜けません。

営業である以上、相手に対して断るべきものは断り、競争相手をたたきつぶすくらいの勢いがないとこれからの営業はやっていけません。

それに、これだけの少人数で何とかやっているので、いつまでも甘えがあっては私が困ります。

所長がお気遣いいただくのは非常にありがたいのですが、萩尾の教育は私にお任せ下さい。

昔からの諺《ことわざ》で「かわいい子は旅出たせよ」と言います。

宜しくお願いします。

大田原より

あなたの回答に

「間違いを指摘する際の配慮」が入っていますか？

人柄力のある人は相手が失敗したときに辱めない

人柄力のある人は、いかに部下がわかりきったことを間違えたとしても、その人を辱める行為はしません。

今回のケースは「かわいい子は旅出たせよ」ではなく「かわいい子には旅をさせよ」が正しいのですが、このことを大きく取り上げているようでは、人柄力は十分に備わっていません。

〝本人のために指摘をした〟という人もいるでしょう。

しかし、もう一度考えて下さい。本当にその人のための指摘でしょうか。

受け取った方も、「この人は自分のために言ってくれたのだ」と感じているでしょうか。この場合、「どうすれば誤りに気がついてくれるだろうか」ではなく、「どうすれば相手に辱めを与えずに伝えることができるか」を考えることが人柄力です。

私もよく失敗します。例えば、講義中、ホワイトボードに間違った漢字を書いてしまうこともあるでしょう。

説明を板書しようとしても、漢字が浮かばないときもあります。そんなときには、受講者から指摘を受けたりします。

自分自身のミスですし、至らなさを反省してはいるのですが、多くの受講者の前で間違いを指摘されると、講師という立場上、かなり恥ずかしい思いをします。

一方で、講義が終了してから、こっそりと私に教えてくれる受講者もいます。間違いを指摘される立場からすると、どちらがありがたい方法なのかは、言うまでもありません。

このように、さりげない気遣いをすることは、人柄力そのものです。

私も、相手に間違いを伝えたほうが良いときには、他人の目のないところで、タイミングなどを配慮して、伝えるようにしています。

ビジネスシーンでは、見せしめのように大勢の前で叱ること、会議などで相手を討議で打ち負かすことなども、同様に相手を辱める行為です。「今、発言すれば、自分は相手より優位に立てる」という感触を得たときは、一瞬、快いかもしれませんが、これは相手の気持ちに立っていない証拠です。

私は、相手を故意に辱める行為は、いじめに等しいとさえ思っています。

もちろん、ビジネスですので、成績が悪ければ指導を受けたり、責任を取らされたりすることは当然かもしれません。

しかし、こうした場合は、すでに当事者が成績の悪さを自ら恥じているはずですから、それに輪をかけて恥ずかしい思いをさせることは避けなければなりません。

あなたが上司の立場であれば、事実は事実と受けとめて、今後どうするのかを一緒に考えることが必要なのです。

また、会議や討議の場で誰かが誤った発言をした場合や、明らかに誤解をしている発言をした場合に、その場で揚げ足を取らんばかりに大きな声で指摘する人がいます。このような人は、自分が間違いを見つけたとばかりに意気揚々《いきようよう》と主張するのですが、まわりの人は、決して凄いなんて思いません。逆にその人の器の小ささを見ているのです。

〝相手に落ち度があり、自分に指摘するチャンスがある〟と思ったときに、単純に嬉しがっていては、人柄力は失われます。人柄力がある人は、何があろうと、人が恥ずかしいと思うような行為をしてはならないのです。

また、指摘をする際の言葉使いも注意をしなければなりません。

私たちが日ごろよく耳にするような言葉で、相手に恥ずかしい思いをさせる例を挙げましょう。

「そんなこともわからないのか」

「もういい、私がする」

「子どもじゃないのだから……」

人柄力のある人は、このような言葉を使うことはありません。

これらの言葉は、苛立《いら》ちから発せられることが多い言葉でもありますが、単なる苛立ちからではなく、親身になるあまり、つい言ってしまうこともあります。

しかし、どんなに若輩者に対して言ったにせよ、言われた立場になってみれば、辱めを通り越して、みじめに感じるでしょう。

そして、こんな言葉を吐く人に対しては、尊敬や憧れの対象として見るどころか、この人の下で全力を尽くしていこうという気持ちさえも起こらないでしょう。

あまり上品な例ではなく恐縮ですが、男性の読者であれば、ズボンのファスナーが少し開いていたことが一度くらいはあるのではないでしょうか。非常に恥ずかしい思い出ですね。

そのときに気がついた人からはどのような伝えられ方をしましたか。

私は関西育ちですので、今、思い出すとこんなやり取りがありました。

「おっ、開放的だな！」とか、

「そんなところ開けてると風邪ひくぞ」などと笑いながらそっと教えてくれて、

「わざと開けてるからほっといて！」

と返しながらそそくさとファスナーを閉めたものです。

恥ずかしさを笑いでフォローしてくれた伝え方です（もちろん、どこの場面でもこれが通用するかどうかはわかりませんが）。

まとめますと、**人柄力のある人は、どうしても相手に失敗やミスを伝えなければならないときでも、無意識に相手に辱めを与えていないかどうかに配慮する**のです。

そして、誰かが恥ずかしい思いをしている状況に出くわしたら、必ず助けてあげるようにしなければなりません。

案件５

「内々で処理しろと言われたのですが」

東田が小声で話してきた

吉田所長、ちょっとよろしいですか。
実は昨日、大田原さんの営業車が駐車違反で切符を切られたらしいのです。

なんでも、急ぎの納品があり仕方なく、たまたま路上駐車したのだとか……。

「所長に言うと、営業車が使えなくなるかもしれなから。内々に処理をして欲しい」と言われたのですが、内々と言われても……。

これどうしたらいいですか?

あなたの回答に

「大田原の〝行動〟への指導」が入っていますか？

人柄力のある人は、相手を尊重しながら叱る

人あたりが良い、もしくは優しいだけではリーダーは務まりません。部下のやってはいけないことに対して、毅然《きぜん》と厳しく指導するのを避けているようでは失格です。

この案件でも、法律を違反したこと、そして偽装工作をしようとしたことは、組織として許される行為ではなく、厳しく指導をするべきです。

一方で、「会社のためにした行為だとか、不可抗力であった」などと、その行為を正当化して、指導をしないこともあってはなりません。

もしかしたら、「人柄力を持った人は決して怒らない」というイメージがあるかもしれ

ませんが、そうとは言い切れません。

組織の管理者であればなおさら、重大なミスを犯した部下を指導するのは、重要な職務のひとつなのです。

しかし、最近では、指導の言葉をメールで一方的に投げつけたり、相手を傷つけないように配慮するがあまり、何に対して叱っているのかよくわからなかったりするリーダーも増えているようです。

部下に嫌われることを恐れるあまり、叱ることのできないようでは、人柄どころではなく、抜け殻のリーダーと呼ばれても仕方がないでしょう。

逆に、昔気質の鬼軍曹のようにいつも怒ってばかり、威張ってばかり、何かにつけて暴力的に威圧をするタイプでも困ります。

人柄力のある人の叱り方は、相手が、自分の取った〝行動〟について叱られたと捉える叱り方です。

相手が自分の〝人格〟について叱られたと思ってしまうようではいけません。

叱る対象はあくまでも〝行動〟であり、決してその人の〝人格〟を否定する叱り方をしてはならないのです。

行動に対しての叱責は、叱った上司に対して憎しみや苛立ち、怒りなどを感じさせません。感じるとすれば、上司の信頼を失った無念さと、上司に叱らせるという行動をとらせた自分への怒りです。

人柄力のある上司の叱り方は、時間も短く、失敗した事柄を分析した上で、どういう行動を取るべきであったかについて簡潔に話します。愛情や育成の意味を含めた言葉で、人間的に相手の失敗に寄り添うように叱るのです。

いつもは穏やかな上司から、硬い表情で「○○さん。ちょっといいかな」などと呼ばれれば、それだけで部下は、「きっとあの件だ。どうしてあんなことをしてしまったのか」と、呼ばれて歩いている間にすでに反省を始めていることでしょう。

そのため、わざわざ厳しい言葉をかける必要はないのです。部下は、もう間違いを犯したことを認め、分析しようとしているからです。その場合、部下は失敗を指摘した上司に対して、申し訳ない気持ちを伝えてくるはずです。

そして、「上司が自分を叱るのも無理はないな」と自然に反省した上で、存在まで否定されたわけではないという安心も感じているので、叱られる側も納得がいくのです。

このように、人柄力のある人が叱るとかなり効果的です。

では、その逆で人柄力が十分でなければ、どのような結果になるでしょうか。

人柄力がついていない人は、器が小さいので、叱る頻度も多くなり、まるで小言のようです。また、その都度、叱る内容そのものの焦点があっておらず、別のことにまで言及して叱るのです。

例えば、「先月にも似たような失敗をしたじゃないか」と過去の話を持ち出したり、「だいたい、おまえには根性がないんだよ」などと問題発生を相手の人格のせいにしたりしまいます。そのような叱り方をされた人が、その人を尊敬したり、アドバイスを聞き入れたりすることはあり得ないでしょう。

また、人柄力のない人は、叱る対象や叱る度合いが自分の感情と連動します。同じ現象が起こったとしても、あるときは叱るのに、あるときは叱らない。さらに、自分の気に入った部下に対しては、注意程度で済ませ、気に入らない部下に対しては厳しく叱責する。これでは叱るという行為によって、不公平感を部下に持たせてしまいます。

もし、叱責した部下があなたの知らないところで、叱責されたことを愚痴《ぐち》ったり、批判したりするようなことがあれば、それはあなたの叱り方、つまり人柄力が足りないことのフィードバックと考えてみましょう。

案 件 6

「期待していたのに残念だ」

上司からのメール

差出人	熊沢統括部長
件名	〔重要〕人件費オーバーの件
宛先	吉田営業所長
CC	
送信日時	12月10日　9：00

吉田所長

君の営業所だけ、人件費、残業代がかなりオーバーしている。
攻めも大事だが守りもしっかりしてもらわなければ困る。

いい加減、営業所長としての自覚を持て。

こんなことでは、私はもうこれ以上フォローできない。

期待していたのに非常に残念だ。

あなたの回答に

「上司と今後に対しての肯定的な表現」が入っていますか？

人柄力のある人は肯定的な受け取り方ができる

昇進すれば、権限も広がる一方で、責任も大きくなります。リーダーの報酬は「良い判断をする」ことに対しての前払金であり、失敗すると責任を取るべく厳しい叱責や批判を受けることもあります。

このケースのように、厳しい上司から激しい叱責を受けることもあるでしょう。その際に、どのように受けとめられるのかは、人柄力と大きく影響します。

先の案件5で、叱り方について学びましたが、今回は逆に叱られ方です。

あなたの回答の中に、おそらく上司に対する謝罪や反省の言葉は入っていると思います。

それはインバスケット思考的な行動ですが、しかし人柄力のある人は叱責を受けたことに感謝の意思を表すことができるのです。

「ご指導いただきありがとうございます」

そして依頼です。

「引き続きご指導宜しくお願い致します」

いかがでしょうか。ここまで返せたでしょうか。

一方で、上司の叱り方自体に抗議の意思を示したり、根拠のない言い訳をしたり、または必要以上に自分自身を辱める行為をする人がいます。

もし叱られている内容に間違いがあるのであれば、いったん受け入れた上で間違っている事実を伝えるべきです。叱られ方も叱り方と同じで、叱り方に対して批判するのは、上司の人格そのものを否定することになるからです。

また、自分を必要以上に否定したり、自分で自分を辱めたりするような行動は取ってはいけません。

リーダーが叱られる場合の多くは、その人の資質や人間性ではなく、組織の代表として叱られているということを忘れないでください。

聞き流すのも問題ですが、逆に、自分の人間性を否定したり、〝リーダーの資格がない〟などと、必要以上の自責の念を持ったりすると、リーダーが務まらなくなります。

リーダーには、部下にはわからないほどのプレッシャーやストレスが掛かります。しかし、リーダーになるとそれらを相談できる相手も少なくなり、発散する機会もなくなってきます。

そのため、マイナスの圧力をいかにプラスに転換できるかが重要で、転換できずに自分の中に押し込めてしまうと、心身ともに何らかの障害が発生してしまいます。

私は仕事柄、多くの管理者候補の人と出会い、彼らがリーダーとしてステップアップしてきたのを嬉しく見てきました。しかし、昇進後1年か2年くらいで、必ず相談の電話やメールが寄せられます。

「仕事はしているのですが、何をやっているのかが、わからないのです」

世間的には、仕事が面白くて仕方ない時期に見えながら、本人の気持ちには、かなりモヤモヤとしたものがあるのです。意外かもしれませんが、前職で管理職を経験した私にはよくわかります。

名づけて言えば、「管理職不完全燃焼症候群」です。

読んで字のごとく、管理職になったものの、自分の能力を発揮しきれず、モヤモヤくすぶってしまう現象です。

管理職につくと、緊急時や例外時の対応、組織間の調整活動が多くなり、仕事の半分以上は会議などの時間に取られてしまいます。

現場にいた人は、お客様と接する時間も減るので、直接お礼を言われる場面も減って、わかりやすい〝やりがい〟を感じにくくなることもあります。

人目を引くような新商品の開発を手がけたり、企画から製造へのプロセスに感動したり、製品の出来映えのよさに喜べるような技術者的な仕事から遠ざかることもあるでしょう。

ときには、自分で納得しきれない会社の方針を守る仕事もしなければなりません。

それが、顧客の満足に反映されないことであっても、会社を重んじる行動を優先しなければならないとき、「誰のためになっているのか」と悩んでしまうことになるのです。

しかし、その仕事でしか味わえない楽しみがあるので、その仕事をチャンスと捉えるか、リスクと捉えるかで、〝やりがい〟が持てるかが大きく変わってくるのです。

このように、**叱責や指摘に対しても「何かを変えるきっかけ」というように肯定的な捉え方をすることが、自分自身を守る人柄力なのです。**

案件7

「応援求む」

上司からのメール

差出人	熊沢統括部長
件名	〔依頼〕川崎営業所応援の件
宛先	営業所長各位
CC	
送信日時	12月9日　22：05

各営業所長殿

川崎営業所で急遽2名の営業員の応援が必要になった。
応援可能な営業所は、川崎営業所に応援を出すように。

ーーーーーーーーーーーーーーーーー転送内容ーーーーーーーーーーーーーーーーー

熊沢統括部長殿

先ほどお電話した件を再度メールにまとめました。
応援をいただききたいのは、
1月13日と1月15日の2日間です。
それ以外は、私も含めて何とか致します。

営業員の欠員がもともと1名あったのと、今回、新たに退職者と病気で入院するものがおり、このままでは上記の日程の配達などが滞り、お客様にご迷惑をお掛けする可能性があります。
なんとかお助けいただければと思っております。

川崎営業所長　石橋

あなたの回答に

「見返りを求めない応援」が入っていますか？

人柄力のある人は相手に見返りを求めない

全体最適（業務全体の生産性を最適化すること）を考えて、組織にとって何が大事なのかを考えて、自部門に落とし込んで判断することが、リーダーとして好ましい行動です。インバスケット思考を持っている人は、何らかのかたちで、この応援要請に応えようとするでしょう。

しかし、「自分だけ犠牲になって、何も得ることが無いのか？」と考えていないでしょうか。

「あなたは助かったけど、私にはメリットはないのか？」と頭に残っていませんか。

人柄力を身につけるには、見返りを求めてはいけません。
見返りを求めだすと、**見返りを目的とした行動を取るようになり、そのうち、前もって見返りを要求するようになります。**

これでは、神社にお参りに行って、「先に願い事をかなえてくれたら、お賽銭を投げ入れます」というようなおかしなことになります。

このケースにおいて、インバスケット思考では、全体の利益を優先して考えるとご説明しましたが、これに人柄力を加えると、相手の所長の気持ちになって行動しようと考えます。

〝きっと、困っているだろうなあ、何とかしてあげたい〟

そう思う人は人柄力を備えもった人です。

しかし、この後の思考で、

「応援を出したいが、うちも人員が足りない、それに応援に出しても、当営業所にはメリットがない。他の営業所が応援を出すに違いない」

と考えると、人柄力を発揮できず、見返りを求める発想になるのです。

実例として、このような際にリーダーがどのような行動を取るのか、私は前職のときに、よく目の当たりにしました。

私が前職でいろんなイベントなどを企画する部署にいたときのことです。

もともと、部下の数が少ない部署でしたので、イベントを行うごとに、他部署から応援をいただきます。この応援をもらうときに、その部署のリーダーの人柄がよく見えるのです。

まず、応援を出さないタイプ。

これは本書では論外ですので特記しません。

次に、応援を出すが、何かを求めてくるタイプ。

つまり、応援を出す代わりに、自部署のメリットを形として求めてくるのです。

そして、何も言わず応援を出してくれるタイプ。

同じ組織で働く以上は、応援を出すのが当たり前と考え、困っているのを見かねて応援を出してくれるタイプです。

もちろん、人柄力を感じたのはこのタイプの人です。見返りを求めながらも応援をしてくれるリーダーもありがたいのですが、同じ応援を出すという行為も見返りを求められると、ビジネスの取引のように思えます。

逆に、他部署が繁忙時で自分の部署に企画のないときには、私が他部署の売場の応援に行きます。

けれども体は1つ。どこに応援に行くかは自分が決定します。全ての売場の忙しさが同じであれば、見返りを求めない人の部署に応援に行っていました。

「どうしてうちに応援に来ないのか」と見返りを求める人から苦情をもらうこともありますが、本気で応援に行きたいのは、見返りを求めない人のところです。

つまり、自分に求めるものがあるとすれば、それを相手にしてあげることです。

そして、それには見返りを求めないことです。

見返りを求めないことで、あなたの人柄力は発揮されるのです。心配しないでください。あなたが求めるものは、必要なときに必ず戻ってきます。見返りとして要求するから来なくなるのです。

ときには、与えるだけの一方通行もあり、理不尽さを感じることもあるでしょう。

それでも、今は何も返ってこなくても、将来、必ず返ってくるという長期的な視点で考えて欲しいのです。

例えば、年賀状を毎年送り続けているのに一向に返ってこない友人がいたとします。ただし、年賀状は返ってこなかったとしても、本当に必要なときには、必ず助けてくれる存在なのです。そもそも、年賀状はあなたから相手への挨拶であり、人柄力があれば、受け取ってもらえるだけでもありがたいと考えるべきです。

人柄力のある人は、見返りのない支援を行います。

一見損をしているような感覚になるかもしれませんが、そう感じるということは、まだ人柄力が足りないサインだと感じてください。

案件8

「奥さんが破水したそうです」

松永が声を掛けてきた

すいません。所長。
実は戸村さんなのですが、奥さんが破水したらしいです。

すぐに帰ってあげた方がいいと思うのですが、戸村さんは帰ろうとしません。

所長から声を掛けてあげてくれませんか。

あなたの回答に

「戸村が帰れない理由」への行動が入っていますか？

人柄力のある人は相手の気持ちに共感できる

このケースでは戸村係長に「すぐに帰宅するように」と指示を出した人が多いと思います。これは、インバスケット思考では〝配慮〟として良い行動ですが、人柄力が高い人は、戸村係長を早退させるより、戸村が帰りたくても帰れない理由を解消するのに注力します。つまり、戸村係長は案件3の件で、帰りたくても帰れない状態にあるのです。戸村係長の気持ちになってあげましょう。この状態で、「早く帰れ」と言われても帰れる状態ではありませんよね。

要するに、**相手の気持ちになって考えることで、相手がなぜその行動に戸惑いを持って**

いるのか、理由がわかってくるのです。真の配慮とは、その理由を軽減することなのです。

真の配慮、つまり、どこまで意識を配ることができているのか、についてもう少しお話しましょう。

先日、私は友人から、

「講師はその日に数時間しゃべればいいだけだからラクだね」

と言われました。思わず苦笑いしてしまいます。

これは多くの講師業に通じる話ですが、例えば人前に立つのがわずか6時間だとしても、その準備には、最低でも同時間、多くて10倍以上の時間が費やされるものです。

研修内容をカリキュラム化したり、事前に打ち合わせをしたり、具体的に設定されたテーマにどのような方法で、どのような教材を使って、取り組んでもらうのか、その時間配分も含めて、研修計画表を何度も作り直します。

その日に使用する教材を印刷する、掲示物や機材などの設備を確認する、など物理的な準備も欠かせません。

それだけではありません。例えば、企業の研修であれば、必ずその業界の資料や書籍を読んだり、可能であれば実際に職場を見に行ったりします。ときには、その企業の新卒者

向けのプロモーションビデオなども見て価値観や方針を頭に入れます。これだけ時間をかけているのに、

「6時間で高い報酬を貰えていいよな」

というような言葉を聞くと、ああ、現象面にしか意識が及んでいないのだなと感じます。

これはあなたの仕事も同じではないでしょうか。

上司から見えるところだけを評価されるよりも、おそらく見られていないような仕事まで評価されたときの方が嬉しいでしょう。

このように、**その人の見える部分だけを捉えるのではなく、見えない部分を捉えてあげることが人柄力です。**

朝礼時に少し暗い部下がいたとしましょう。そのときに、「暗いなあ、がんばろうよ」と声を掛けても、それは表面的な声がけであり、その部下は「何もわからないのに、何が〝がんばれ〟だよ」と捉えるかもしれません。

そこで、「なぜ、塞ぎこんでいるのか」を聞いてあげることも大事ですが、多くの場合は簡単には話しません。

そのため、共感を示し、部下から話をさせることが大事です。

人柄力のある人は、部下の抱えている心配や問題がよくわかっていないときは、本当の心配や問題はどこにあるのかに関心を持ち、共感を示しながら、部下が入り込める余地を空けながら話をするのです。

例えば、この案件でしたら「帰りたくても帰れないものなあ」と声を掛けるだけでも、部下は自分の気持ちをわかってくれていると思い、悩んでいることを話してくれます。

また、上司と部下の関係に限らず、私の講師業についてのケースでも、「話すのは数時間くらいですが、結構苦労があるのでは？」と聞かれると、この人は講師業に関心を持っているのだなと感じ、私の方から話そうという気になります。

リーダーは重責で大変な仕事ですが、部下も大変な仕事です。

「経理って数字が相手だから苦労するよなあ」

「これだけのデザインを生み出すためには、きっと家でも考えているんだろうなあ」

このような共感を含んだ言葉を掛けるだけで、部下は心を開いて、〝自分のことを理解してくれている〟と感じるのです。

真の配慮がなされた言葉を部下に掛けることができれば、部下から本音を引き出すことができ、問題も解決しやすくなるでしょう。

案件9

「これこそ画期的なアイデアです」

松永よりメール

差出人	松永営業係長
件名	ご提案
宛先	吉田営業所長
CC	
送信日時	12月9日　20：11

吉田所長殿
お疲れ様です。
かねてより考えておりましたが、当営業所にも顧客別の戦略的営業施策が必要ではないでしょうか。
今までのように御用聞きスタイルでは、コストと労力の割には結果が上がってきません。

そこで画期的な戦略を考えたのですが、生協の仕組みを取り入れた集団購入形式が取れないかと考えています。
名づけて「珈琲豆生協」です。
これは画期的だと思います。

具体的には、小規模の事業主（町の喫茶店）を対象に、共同購入形式で注文を受け、地域の代表店舗に納品するというものです。
そして、地域の代表店舗に各店舗のオーナーが自分の発注した商品を取りに来るというシステムです。代金も持ち回りで回収してもらいましょう。

こうすれば、我々が売上の割にはコストがかかりすぎている小規模顧客対策にもなりますし、小規模顧客から見れば、大量に仕入れることなく、自分の欲しい分だけ仕入れが可能になります。

これはライバル社も導入していないシステムですので、先行導入すれば将来の糧《かて》になると思いますがいかがでしょうか。

「興味を持って企画の背景」を聞く行動が入っていますか？

人柄力のある人は部下の価値観や考え方に興味を持つ

松永が立案したアイデアをどう評価するかはあなた次第です。インバスケット思考では、このアイデアを何かに役立てることができないかを考える〝創造性〟を評価します。

しかし、人柄力のある人は、アイデア自体に興味を持つのも当然ながら、アイデアを考えた背景、つまりその人の価値観や考え方に興味を持ちます。

なぜそのようなアイデアを考えついたのか、そのアイデアにはどのような価値観があるのかなどに興味を持つことで、部下としても、もし採用されなくても、上司が自分の考え方に興味を持ってくれていると感じ、これからも様々な提案をしてくれるでしょう。

さて、私が行うインバスケット研修には必ずグループワークを入れています。

ここではルールを設けています。

まず、自分の意見を論理的に相手に伝えること、次に時間を守ること、そして、「相手の意見や考え方を尊重する」ことです。

グループワークの主な目的は、グループで良い発表をすることではなく、自分と異なった価値観や考え方を受容して、自分の価値観や考え方の幅を広げることです。

私自身、研修を通じて多くの人とインバスケットを行ってきましたが、毎回、様々な考え方や価値観に遭遇し、驚かされます。

そして、今までに見たことのない回答を書いた人には必ず、なぜそのような回答を書いたのかを教えてもらいます。

すると、彼ら自身は、その考え方が普通だと思っていて「どうして聞いてくるのか」と逆に尋ねられることが多いので、私はこれに驚きます。

このように、人の価値観や考え方は、全く同じものがない不思議なものなのです。

また、人は相手から興味を示されると、自分もその人に対して興味が湧くと言われています。逆に、相手から無関心な態度を示されると、自分を認識してもらっていないのではないかと心配になります。

この意味からも、会話において相手に関心を持つことは重要なのです。例えば、感じの良い異性がいれば、その人がどんな人なのか自然に興味が湧きますよね。そんな、相手への関心、興味が大切なのです。

ビジネスでの交渉であれば、相手への関心よりもむしろ、その人のもつ利権や権力に関心がいってしまいます。

どうすれば商談をうまく進められるのかとか、この会社はどんな価値を持っているのだろうかなどと考えてしまいます。これは当然です。

しかし、そこであえて目の前にいる人自身にスポットをあててみてください。

その人は、どんな人柄を持つ人でしょうか。相手に関心を持って、交渉の場でも話してください。そのためには、あなたの心に余裕が必要となります。ビジネスだけに集中していては、本当に大切なことを見失う場合もあるのです。

まずは、**きちんと相手を観察することです。ただし、プライベートな質問を浴びせることではありません。あなたの目の前にいるその人の価値観や考え方はどのようなものなのか、その人のありように興味を持つのです。**

試しに、いつもビジネスの話しかしていない取引先の人にでも、メールの文末に少し、その人、個人への質問を加えてみてください。

例えば「いつも朝早くに出勤されているんですね。凄いですね」などと書けば、相手からも、快い返事がくるはずです。

会話の相手に関心を寄せるという心の動きには、相手が敏感に気づいてくれます。それは、多くの人に、自分に関心を持ってもらいたいという願望があるからです。

相手に関心を寄せることは、商談を前進させはしても、後退させることはありません。厳しい交渉の場面であっても、個人に対して好ましい対応ができるあなたを、いっそう高く買ってくれるにちがいありません。

あなたが関心を向けた人の価値観、考え方にどうしても共感できない場合は無理にする必要は全くありません。

「そのような考え方や価値観の人もいるんだ」と受けとめれば良いのです。

そこに敬意を払うようにします。あなたと異なる価値観が良いか悪いか、あるいは利益になるかならないかという問題ではなく、自分とは異なる価値観に直面することは、あなたの人柄力を高めるトレーニングです。

案件 10

ホッチキスどめでいいですか

東田より内線電話

吉田所長、ちょっといいですか。

先ほど依頼された報告書のコピーですが、終了しました。

表紙含めて46ページで良かったですよね。
10部必要とのことですが、ホッチキスどめでよろしいでしょうか?

あなたの回答に

「報告書を読みやすくさせる」行動が入っていますか？

人柄力のある人は読み手のことを考えた書類を作る

インバスケット思考では、「もしかすると人数が増えるかもしれない」と仮説を立て、念のためにもう1部予備を用意する等の指示を与えるかもしれません。それはそれで素晴らしい行動なのですが、人柄力が加わると、読み手の立場になった工夫を考えます。

例えば、クリアファイルに挟むだけでも使い勝手がよくなりますし、報告書の表紙に目次を作るだけでもかなり読みやすくなります。強調したい部分に付せんを貼っておくのも1つです。

また、書類はホッチキスよりもクリップなどを使用すると、書類を読んだ人が、あるページだけ他の人と共有したいと考えたときに、すぐに外せてコピーができます。ホッチキスでとめていると、一度外す必要が出てきてしまいます。

もちろん、これは絶対的なことではありませんが、書類であれば、これくらい読み手のことを考えることが大切なのです。

人柄力のある人は、伝えたいことを書く書類は作りません。読み手が読みやすい書類を作ります。

書類はもう1人のあなたです。ただが書類とは思わないでください。

わかりやすい例を挙げましょう。

弊社でスタッフの応募を掛けた際には、多くの履歴書が送られてきます。

そして、同じ様式であるにもかかわらず、これだけ違うのかとびっくりすることがあります。

以前に送られてきた応募書類の中には、封筒に「インバスケット研究所　採用係」と書かれていました。

あなたはこれをどう思いますか。

私には、懸賞ハガキのように思えて、少し吹き出してしまいました。

日頃は呼び捨てにしている気のおけない友達に年賀状を書くときでさえ、「様」をつけるでしょう。

ましてや自分が志願する会社です。「御中」や「御担当者様」の一言を書き添えることは当然だと思うのです。

本当は、「様」を書き忘れただけのことで、内面は素晴らしい人なのかもしれませんが、出会いというものは、このようなことでかき消えてしまう儚いものです。

そのため、宛名の書き方一つとっても、それは審査の始まりだと思って、取りかかった方が良いのです。

本当にその会社で働くかもしれない、いや働きたいという思いがあれば、その思いを相手に読んでもらうように、感情をこめて工夫をして欲しいものです。これを見た人が自分という人間をどう思うのか、考え抜いて事を運ぶのです。

もう一つ例を挙げると、私は、大量のインバスケットの回答を読みますが、回答欄に文字がなぐり書きされていることがあります。

たしかに、限られた時間内に多くの案件を処理しているものもあり、生産性としては評価できるのですが、ほとんどの文字が読めない場合も少なからずあります。

受験者からすれば、とにかく書けば何とか読めるだろうと、考えているのかもしれませんが、回答を読むのも人間です。書き手の人柄を思い浮かべて、なんとか文字を解読しているのです。

これは、様々な文章に通じることですが、文章は、内容だけでなく、形式や読みやすさも大事なのです。

仕事をしている以上、何かにつけて文書を作成することは日常茶飯事でしょう。日誌に始まり、会議のレジュメ、得意先への挨拶文書、報告書、企画書など、書類に一切関わらないという日はないことでしょう。

それらは、迅速に終わらせるべき日々の作業の1つかもしれません。しかし、文書はコミュニケーションツールであることを意識し、読み手のことを考えるようにしましょう。

書き手側の書類ではなく、読み手側の注目を自分へと引き寄せる、そのためのさりげない工夫を惜しんではいけません。

自分自身の思いに加えて、相手を思いやる気持ちも正しく伝えられるよう、表現や体裁を整えることが大切です。

案件 11

「大丈夫。バレません」

大田原からのメール

差出人	大田原営業係長
件名	〔至急〕みのりハイウェイサービス様の件
宛先	吉田営業所長
CC	
送信日時	12月9日　20：19

みのりハイウェイサービスより、エメラルドパナマAAを10キロ手配するように指示を受けております。所長もご存じの通り、この豆は稀少性の高い、高級豆で調達が難しいです。しかし、倉庫を見ておりましたら、おそらく返品されたのであろうエメラルドパナマAA20キロを発見しました。

真空袋は開封されており、原則、販売はできないのですが、鑑定士レベルでも、わからないと思いますし、味覚もほとんど変わりません。

この在庫もこのまま廃棄するのはもったいないですし、顧客も喜ぶので、ご了解いただければと思います。

いったん在庫は営業車に乗せて、すぐに納品できる態勢をとっています。

責任は私が取りますので、ご心配には及びません。
バシッと決断をお願いします。

あなたの回答に

「バレないからルールを破る」への指導が入っていますか？

人柄力のある人は見えないところでもルールを守る

人柄力のある人は、誰も見ていないときでもルールを守ります。

このケースでは、他の案件（案件3）と関連づけることができれば、大田原係長が取ろうとしている行動を阻止できます。

しかし、それは本質的な解決ではありません。

大田原係長の中には、「誰もわからなければ、ルールを破っても良い」という考え方が存在しています。この考え方がある限りは、同じようなケースが発生すると考えて良いでしょう。

さて、あなたはこのケースの判断をしている際に、ふと「本当にバレる確率はないのか？　もしないのであれば……」と頭によぎりませんでしたか。それは俗に言う「魔がさした瞬間」です。

まわりの人がうらやむような社会的地位のある人間が、数千円の万引きで、一瞬にして地位を失ったり、本来取り締まるはずの警察官が、飲酒運転で検挙されたりするなどの報道が、記憶に残っているかと思います。

あることに集中していると、悪い考えが出てきて、注意をする間もなく行動に移してしまう。抑制の効いていない行動をした結果、人柄どころか全てを失うきっかけになります。

仮に、その行動を他人に見られていなかったとしても、その悪い行動を取ったという事実は、あなた自身の記憶から消えることはないでしょう。

車が通っていなくて誰も見ていないとき、横断歩道の前で、あなたは赤信号を守って立ち止まることができますか。

そもそも、車も通らないのに立ち止まられなければならないのか？

頭の中で葛藤しつつも、そそくさと渡りきった後に少し罪悪感がありませんか。

まだ罪悪感があればいいのですが、何回か繰り返しているうちに、どんどん罪悪感は薄れていきます。そして、正直にルールを守って立ち止まっている人を「馬鹿じゃないの」という目で見るようになるのかもしれません。

一方で、大勢の子どもが赤信号を守っている横断歩道の前では、どういう行動を取るでしょうか。子どもの純粋なまなざしを受けながら、堂々と赤信号を破ることはできないでしょう。少なくとも本書をお読みの人は、そのような行動を取らないと思います。

では、誰も見ていなければルールやマナーを守らなくても良いのか？

この行動の差が人柄力を持っているかどうかの差です。

「見られているからルールを守る」

これは人柄力ではなく、八方美人的な行動です。

八方美人と人柄力は、外見的に似ているようですが全く違うものなのです。

人柄力を持っている人には、第一に自分の損得で判断するのではなく、守るべきものは守らなければならないという一貫した正義感があります。

〝車が通っていないのであれば、ボーっと待っていても、単なる時間のロスじゃないか？〟という考えはないのです。

次に、時間のゆとりがあります。これによって生まれてくる大らかさがあります。あなたも時間にかなりのゆとりがあれば、特に急ぐ必要もないので、誰も見ていなくとも赤信号を守るのではないでしょうか。

これらは心のゆとりから生まれる人柄力のなせる行動なのです。

それでは、このケースはいかがでしょうか？

突然の雨に襲われた日に、あなたは駅のトイレに入りました。すると、誰かが忘れたのでしょうか、どこにでも売っているビニールの傘が忘れられています。

個室ですので誰も見ていませんし、あなたはこの傘を使うことで濡れずに済みます。いや、そればかりか余計な出費も抑えられます。しかも、この傘が他人の傘だということはあなた自身しか知りません。

誰にもばれないはずです。

しかし、このようなときも、人柄力があれば、この傘に手を伸ばすことはありません。それどころか、駅員さんに忘れものとして届けるのが当たり前の行動なのです。

なぜ、誰も見ていないのに、自分の得する行動を優先しないのか？

それは自尊心があるからです。自分自身を高いレベルで尊重する人であれば、人柄力のないような行動はしません。たとえ誰も見てなくても……です。

先ほど、人には魔が差すときがあるとお話しましたが、自尊心があれば心配ありません。**自分自身を尊重しているあなたは、魔が差していることに気がついて、決して誤った行動をしないでしょう。**

あなた自身の行動を一瞬の隙もなく見張ることができるのは、あなた自身だけであり、自分を尊重するのであれば、誰が見ている、見ていないに関わらず、自分が知っているルールを破ることはないのです。

しかし、様々な組織では、悲しいことに不祥事や不正行為で告示をされる人がいます。「えっ、この人が……」と驚くのですが、まずその悪い行いのスタートは、誰も見ていないところから始まっています。

そして、そのときは誰も見ていないのかもしれませんが、必ずその行動は公になるものです。

人柄力のある人は、見えないところだからこそ、ルールを率先して守る姿勢を貫くのです。

案件12

「お弁当の空き箱だけでも……」

東田からのメール

差出人	東田総務係長
件名	よろしくお願いします
宛先	吉田営業所長
CC	
送信日時	12月9日　16：15

吉田所長

お疲れ様です。東田です。
実はお願いがあります。
先日、村田より報告を受けたのですが、最近、会議室の後片づけにかなり時間がかかっているとのことです。

特に毎週火曜日の営業会議のときは、食べ終わった後のお弁当や空き缶、灰皿などの片づけが大変です。

もちろん、後片づけは私たちの仕事ですが、自分達が食べたお弁当の空き箱だけでも、処理していただけると助かります。

東田

あなたの回答に

「自ら率先する」という姿勢が入っていますか？

人柄力のある人は率先して行う

まず、後片づけは担当者がするので、一切やらずに散らかしっぱなしでも良いという職場の風土に問題意識を持ってください。

この風土を解決しなければなりません。

風土を作るのも、変えるのも部下に指示をするだけで、できるものではありません。リーダーが率先して行動し、それを見た部下が行動変革を起こして、風土が変わります。

また、その人が後片づけに対して、どのような意識を持っているかにも、人柄力が表れます。

私が出張先で一仕事を終えた夕方、帰りの新幹線に乗る際、ビールと弁当を持ったビジネスマンをよく見かけます。ありふれた光景ですが、このようなところに人柄力が表れるのです。

通路を挟んで、私の斜め前に、一見すると品のよさそうなビジネスマンであろう老紳士が座っていました。その老紳士は、「まもなく次の駅に到着します」というアナウンスを聞くと、荷物をまとめ始め、弁当のゴミを入れているらしい袋を座席の下に置きました。そして、駅に着くと、そのゴミの入った袋を置いたまま降りていきました。

新幹線には、車内清掃の人がいるから放っておいても片づけてくれる、と考えての行動かもしれません。しかし、ゴミは片づけてくれるかもしれませんが、その行動自体は、決してその身なりから出てくる行動とは思えません。

その後、老紳士が降りた駅から乗って来た親子が、それまで老紳士が座っていた席に着き、子どもがゴミに気づいたようです。

その子どもはどう感じたでしょうか。親はどのように子どもに説明をしたのでしょうか。

親子の席の下にはそのゴミが置かれたままでした。

ゴミを捨てるのは、清掃担当の人がするので、放置するのは決して悪いことではない、という考え方も理解できます。

しかし、ゴミは数時間後に清掃担当の人が捨てたとしても、その人の残した行動は消えません。**誰かが後片づけをやってくれるのだからこれでいい、と考えるのは人柄力のある人の考え方ではありません。**

これは、ビジネスにおいても、同じような傾向となって表れてきます。

例えば、注文を取るときには、紳士的に振る舞いながら、後のフォローについては、誰か担当の人間がするのだからと何の配慮もしない場合などがそれにあたります。

また、特定の部下に「この仕事は任せた」と言いながら、部下が成功を収めれば、自分の手柄のように語り、失敗をすれば自分の責任ではないと言い逃れをするようなタイプかもしれません。

これは美味しいところだけ食べる行為だと言えます。では、残されたところはどうなるのか。それは、食べた人が見えないところで、誰かが片づけてくれているのです。

もう一つ例を挙げましょう。

あなたが出張などでビジネスホテルに宿泊してチェックアウトする際、その部屋は、どのような状態でしょうか。

もちろん、入ったときと同じようなきれいな状態にするべきだと申し上げるつもりはありません。

ただし、ベッドのシーツも乱れたまま、上掛けも整えられておらず、何枚もの濡れたタオルが洗面台やバスルームに散乱する部屋に、飲み食いしたゴミもそのままでは、人柄力のある人としてはさみし過ぎます。

どうせ掃除する人が片づけるのだから、気にする必要はないとか、お金を払って利用しているのだから当然だと考えているのかもしれません。

しかし、掃除する人はロボットではなく、あなたの使った部屋の様子から、どんな人が利用したのかと考える１人の人間なのです。

その場所にあなた自身はいなくなっても、その行動は残るのです。

私は、研修でいろんな企業様にお邪魔します。

そして、社員食堂などで食事をさせてもらったときに、素晴らしい行動を見かけることがあります。おそらく部長クラスの人でしょうか。食べ終わると、自分の席ばかりか、その手が届く範囲を台拭きできれいにするのです。

それは、まわりの社員も同じです。おそらく上司がしているので、その企業ではあたり前になっているのでしょう。

逆に、残念な社員食堂にも遭遇します。食事を持って机の上に置こうとすると、テーブルが汚れたままなのです。そして、気を使って担当の人がテーブルを拭いてくれたのですが、向かいや横は汚い状態のままです。

かなり課題のある企業だなと痛感したものです。

後片づけは行動です。そして、行動特性はあらゆる部分に現れます。

片づける役割の人の仕事がなくなるまでとは言いませんが、後の人のことをしっかりと考えることは、どんなことにおいても大切です。

人柄力のある人は、自ら率先して他人の後片づけも行います。

そうすると、部下が自発的に後片づけを習慣として身につけるのです。

案件 13

「調子良すぎますよ」

他営業所からのメール

差出人	東京北営業所　高崎営業所長
件名	ご依頼
宛先	吉田営業所長
CC	
送信日時	

東京南営業所
吉田営業所長殿

毎日の激務お疲れ様でございます。

東京北営業所所長の高崎でございます。


早速ですが、本日メールをお送りしたのは商品振り替えのご依頼です。

実は、先日、当営業所の営業員が大口取引先の高急ホテルよりモカブレンド20キロの注文を受けました。

しかし、ご存知の通り、モカブレンドは、モカの生豆自体が輸入できなくなっており、国内の流通在庫も非常に少なくなっております。

そのため、今回の注文は納品できない状態なのですが、相手は納得されていないので、ほとほと困っておりました。

すると、熊沢統括部長から、貴営業所が先見の明を持って在庫を確保されているとうかがい、藁《わら》をもつかむ気持ちでご依頼したというわけです。


私の教育不足と先を読む力がなかったと深く反省しておりますが、なにとぞモカブレンドを20キログラム融通していただけないでしょうか。

所長
モカブレンドは我々がリスクを張って、確保しているものです。
それを軽く下さいとは、調子が良すぎますよ。
受けないでください。
大田原

あなたの回答に

「分ける・与える」という行動が入っていますか？

人柄力のある人は与えることに喜びを感じる

このケースは、インバスケット思考的には、全体最適（業務全体の生産性を最適化すること）を考えて、この要求を飲むといった行動が取られるのが望ましいのですが、人柄力のある人は、これを〝要求〟とは捉えません。純粋に分ける、または与えること自体に喜びを感じます。

部下の大田原には、「会社全体を考えれば仕方がない」と全体最適な考え方を持たせるように説得するのがインバスケット思考ですが、人柄力のある人は、説得をするというより、納得をさせるのです。

分ける、与えることの喜びについて言えば、子どもの頃を思い出してください。

子どものころ行った遠足で、弁当やおやつを家に忘れてきた友達がいます。あなたは、弁当もおやつもあります。

このような状況で、あなたはどのような行動を取っていましたか。

食べるものがなく、佇《たたず》む友達の横で、自分だけ美味しそうに食べることができるでしょうか？

本書を読んでいる人でしたら、少しでも自分の弁当やおやつを分けてあげるでしょう。

自分の食べる分が減ったとしても、友達から感謝され、２人で美味しいお昼ご飯を食べる楽しさの方が上回り、後悔などしないはずです。

けれども、大人の世界では、なぜそれができないのでしょうか。

お金にあなたの優しさやゆとりが支配されているからです。お金は不安をもたらしますし、ときには憎悪を生んだり、人と人の間にきしみを生んだりすることもあります。

一方で、現実社会でお金は、血液のような役割を果たしており、なくては生活もできなくなるかけがえのないものです。

だからこそ、貯蓄をしたり、将来に備えたりします。

しかし、お金は必要とする額を持っていたとしても、ひょっとしたらまだ必要になるのかも、という不安をもたらします。「一体いくらあればいいのか？」と考えれば考えるほど、それは不安を増幅させます。

経済的に不安のある人は、お金に使われるようになります。例えば、おいしい物を食べて、他の人にもその味を知ってもらいたいと思ったとき、金銭的な余裕がなければ、他人にご馳走するなんてとんでもない、ということになるでしょう。食費にも事欠くという場合であれば、なおさらです。

では、どのようにすれば、人柄力のある〝お金との付き合い方〟ができるのでしょうか。それは「足るを知る」ことです。お金をいくら貯めれば安心できるのか、というより、いくらあれば生活ができるのかを知ることです。

「足るを知る」を経営面で言います。

私は、個人店を経営している人ともよくお話します。とにかく儲けなければならないと考えているのですが、それにもかかわらず、損益分岐点《そんえきぶんきてん》はいくらかを知らないという人が少なくないことに驚きます。

損益分岐点とは、その売上高を確保しないと赤字になる数字です。

これを知らずに、ひたすら利益を追求すると、逆に顧客が離れていってしまいます。

最低この売上高を確保しないといけない。

これが足るを知るということです。

あなたは、自分の家庭の損益分岐点を知っていますか。

いまや、インターネットでは、今の時点の損益分岐点だけではなく、将来の損益分岐点を計算してくれるウェブサイトもあります。ぜひ、足るを知ってください。

足るを知ると、残りは他人に分けても大丈夫という心のゆとりが生まれます。

人柄力のある人は、自分が最低限必要とする額を知っており、それ以外は有効的に活用しようと考えます。

それを投資したり、自分が支持する団体に寄付したり、または自分に投資するなど用途は様々ですが、すべて生きたお金の使い方です。

これは、「分ける、与える」といったお金の活用方法だと言えます。

まだ、どうして分けなければならないのだ、と思われるのであれば、このように考えてはいかがでしょうか？

あなたの手元にあるものは、全てが自分の分ではなく、もともと他人にも分けることができる分が含まれていると考えるのです。

分けること、そして与えることを率先することによって、与えられた人からだけではなく、それを見ている人も納得して、その人行動を支持してくれるでしょう。リーダーであれば、自然にリーダーの器の大きさを部下は思い知り、部下も自分の器の小ささに気づいてくれるでしょう。

さあ、分けること、与えることをすぐにしましょう。

この行動は難しいようですが、実は簡単にできます。

例えば、きれいな景色を見て感動したのであれば、その画像を他の人に送ることや、美味しいお店を見つけたのであれば、そのお店を教えてあげるなど、お金を掛けなくても簡単にできるのです。

是非、分ける・与えることによっての喜びを実感してみてください。

案件 14

「ゴミ拾いお願いします」

商工連絡会議所からの連絡文書

株式会社マッカランコーヒー
東京南営業所所長様

平素より当会の運営にご協力賜わり、ありがとうございます。

さて、このたび当会において、宇田川周辺の清掃活動のボランティアを募集しております。

ご多忙中かとは思いますが、ぜひ、ご参加賜りますようご案内申し上げます。

実施日	12月19日
時間	午前9時から午後6時まで
募集人数	50名
行動内容	宇田川周辺のゴミ拾いおよび小中学生の指導・監督
申し込み先	東京南商工連絡会議所　地域企画開催課　小野まで
その他	当日は動きやすい服装にてお越しください。 ゴミ袋や清掃道具も各自持参してください。

所長、みんなに声を掛けましたが、この日は日曜なので誰も参加したくないようです。

私も当日用事があり、参加できません。

商工連絡会議所からは必ず1名は出して欲しいと言われています。

どうしましょうか？　所長はお忙しいですよね

東田

あなたの回答に

「自らが参加する」という行動が入っていますか?

人柄力のある人は肩書きに頼らない

リーダーには、誰もがやりたくない行動を、率先してやらなければならないときがあります。例えば、危険を伴う行動や他部署から批判を受ける恐れがある行動は、自らがリスクを背負って率先することも求められます。

そのときに障害になるのが「肩書」です。

「どうして、所長の私がそのようなことをしなければならないのか?」

と感じるときは、肩書きが行動に踏み切れない理由となっているのではないでしょうか。

肩書きが及ぼす影響について、1つ例をお話します。

先日、ある企業に訪問したときのことです。

私はアポを取って行ったのですが、予定時刻から20分ほど待合室で待ち、ようやく担当者が現れました。そして、どうぞと言われ、小部屋に行って名刺交換をしました。

そして、担当者は話を始めました。

「おたくの会社の社長が書いた本を読んだんだけどね……」

そのとき私は、この人は私が弊社の営業担当だと勘違いしていることに気づきました。

弊社には営業担当がいませんので、問い合わせがあれば、私が直接行くことが多いのです。直接、社長が来るとは思っていなかったのかもしれないので、その対応は無理もありません。ただ、私の心の中では、〝ぞんざいに扱われる営業マンとはこのような気分なのか〟と思ったのは事実です。

ある程度、商談が進んだ段階で、担当者が今まであまり見なかった私の名刺を、ふと手に取り、

「え？　鳥原さんは社長さんだったのですか」

と驚かれ、その後、美味しい飲み物を出していただいたことを記憶しています。

肩書きがそれ相応のものであれば、それまでと応対の仕方が急激に変化するといったこ

とが起こるのも無理はありません。

肩書とは、組織の中では勲章であり、組織内での努力や成果を認められた実力の賜物だと思います。

しかし、その**肩書に頼りすぎると、自分自身がなにか脚光を浴びているような錯覚にとらわれます。あくまでまわりが評価しているのは、肩書であり、本人の真価を評価しているのではないということを知らなければなりません。**

忙しいビジネスマンは、多くの時間を組織の中で過ごします。だから、肩書とあなたはほぼ一心同体になるのですが、例えば、転職などして肩書を失うと、自分自身には何も残っていないことに気がつきます。そして、今まで浴びてきた脚光は自分ではなく自分の肩書に対してだったと思い知るのです。

まず、自分自身が、自らの肩書きに酔わず、周囲の反応にも惑わされず、自分自身の真価を知っておく必要があります。その真価とはつまり、「その組織から離れたときに、自分には何ができるのか」「1人の人間として何ができるのか」ということです。

ただ、いきなり「肩書がなくなったらどうなるのか?」と言われても、実感を持てないと思います。

私も前職を退職するまで、肩書のない人生を送ったことがありませんでした。

このような経験からお勧めしたいのは、転職や無職の経験がない人は、異業種交流会などに個人の名刺を作って参加をして、肩書きを離れる体験をしてみることです。

肩書がなくなると、非常に心細い気持ちになる一方で、相手からは１人の人間として接してもらえます。そこには、多くの気づきがあるはずです。

同時に自分自身を見つめるためのいい刺激になることと思います。

さて、今回のケースで、「役職者である私がどうしてゴミ拾いなんか……」と思われたのであれば、それは肩書きに頼り、嫌な行動から逃げているだけではないでしょうか。

真のリーダーであれば、「役職者だからこそ率先する」というインバスケット思考に併せて、肩書をいったん、おろして１人の人間として、このような活動に参加するという人柄力を発揮したいものです。

案件 15

「独立することになりました」

今村からの手紙

吉田所長殿

このたびは、大変ご迷惑をお掛けすることになり、申し訳ありません。私も35歳の節目にあたり、前々から退職を考えていたものの、なかなかご相談ができませんでした。今回、退職届を受理していただいたことで、気持ちの整理ができました。

また、温かい励ましの言葉をいただいて、つい涙腺が緩くなってしまいました。

あのときに、明確にお答えできなかったのですが、実はある事業を計画しております。
その事業とは、海外からブランド品を個人輸入して販売するものです。

ただ、会社設立や経営などのノウハウが全くなく、早速、悩んでおります。
特に帳簿や登記などについて、相談できる人間がまわりにおらず、バタバタとしております。

自分で決めた道ですので、なんとかやり通すつもりではありますが、ご迷惑をお掛けしているのに申し上げにくいのですが、今後ともご指導お願い申し上げます。

ありがとうございました。

今村勝紀

あなたの回答に

「社外の人間関係を活用する」行動が入っていますか？

人柄力のある人は社外に人脈を持っている

部下が退職するのは、非常に寂しいことですが、辞めていく人間のことを心配する必要はないと思う人もいるかもしれません。

もちろん、自分の意思で退職した部下の世話をする責任はないかもしれません。

さて、ここからの判断はあなたの人柄力次第です。

組織の一員としてではなく、人として、辞めていく部下に何ができるのかを考えられるかに、あなたの人柄力が表れます。

あなた自身は今後、直接元部下に支援ができなくても、あなたの友人や知人を彼に紹介するなどの間接的な支援はできるはずです。

ただし、このとき、あなたに社外の人脈がなければ、彼に対する支援もできません。

人柄力のある人は、彼を思う親切心に加え、社外の人間関係を使った問題解決ができる人脈を持っているのです。

組織に長く所属していると、上司や同僚、同じ仕事をした仲間など豊富な人のネットワークができます。しかし、いざ社外の人のネットワークに目を向けると、どんどん先細りになっていることに愕然《がくぜん》とする人も多いのではないでしょうか。

日々の激務の中、仕事に多くの時間を費やしているので、それも無理はないかと思います。ただ、これから上位職になっていくに従って、案件処理も複雑で高度な判断が求められ、社内のネットワークだけでは解決できない問題も増えてくるのです。

人のネットワークは、あなたの人柄力をレバレッジできます。1人の人間の能力には限りがありますが、様々な人のネットワークは、あなた1人ではできないことも、可能とする物凄いパワーを持っています。

だからこそ、社内だけの人間関係を重視するのではなく、社外の人間関係作りにも目を向けましょう。

社外の人間関係作りには、従来あった人間関係を復活させることと、新しく人間関係を作ることの2つがあります。

簡単な方と言えば、従来あった人間関係を復活させることを挙げます。全く知らない人との人間関係を築くよりも、数年前まで交友関係にあった友人や知人などに声をかける方が人間関係が作りやすいものです。

突然に声を掛けるのを躊躇《ちゅうちょ》するのであれば、フェイスブックなどのSNSを活用するのも1つですし、年賀状などに「今度会いたいですね」などと手書きで記しておくのも一つの手です。さらに、「年賀状ありがとう」とこちらから連絡するのも1つです。

もう1つの人間関係作りの新しく関係を築くにはどうすればいいでしょうか。

それには、人と知り合うチャンスを増やすことです。勉強会や異業種交流会に顔を出したり、資格取得の学校に通ったり。あるいは趣味の講座を受講したり、地域の活動に取り組んだり。他にも、子どもの友人と家族ぐるみで付き合うなど、人と出会うきっかけは多種多様です。

少し面倒だなとか緊張するなという感情は誰しもが持つところです。

そして、「肩書」が障害になることもあるかもしれません。

ただし、人間関係作りの垣根は、相手が作るものではなく、実は自分の中にあるのです。それを取り払う勇気を持つことにより、様々な人と出会うようになり、人柄力が育つのです。

実はインバスケット思考においても「人間関係の構築」は、今すぐしなくても良いが、重要な項目として捉えます。

つまり、重点を置かなくてはならない象限なのです。

特に、有意義な人間関係作りは仕事だけではなく、人生においても重要な意味を持ちます。

人柄力のある人は、人間関係に量を求めません。絶対的に質を求めます。その質とは、相手の会社の肩書ではなく、1人の人間としての人柄です。

つまり、相手の人柄を見る力を育てながら、社外の人間関係作りをすることが重要なのです。

案件16

「パソコンが……パソコンが……」

東田が慌てて話しかけてきた

所長！　どうしましょう。大変です。もう駄目です。
とうとう私のパソコンが壊れました、きっと中のデーターも全てなくなっていると思います。

どうしたらいいか、私にはわかりません。

今日は請求書などの送付がたくさんありますが、今までのよく使うファイルも全てハードディスクに入っているので仕事ができません。

それに今日10時までに本社に送る監査書類も、消えました。
昨日1日掛かりで作ったのに……どうしたらいいか。

だから「早く買い替えて下さいって」お願いしていたのに、もうどうしたらいいのか……。

あなたの回答に

「部下を安心させる」行動が入っていますか？

人柄力のある人は相手を安心させることができる

部下が慌てて報告をしてきたときに、その内容から「大変だ」と一緒に動揺するようではリーダーとして失格です。まず部下を落ち着かせて、客観的に報告の内容を把握することがインバスケット思考的な行動です。

これに加え、人柄力のある人であれは、相手に安心を与える行動を取ります。

他人を安心させる言葉は、必ずしも自分が本当に安心できる確証があるからかけるというわけではないと思います。むしろ、自分も心の中では動揺している状態で、相手を安心させる言葉をかけることが、人柄力のある人が取る行動なのです。

人を安心させる言葉というと、どのような言葉を思い浮かべるでしょうか。

「大丈夫だよ」

「心配しなくてもいいよ」

などの言葉ですよね。

災害時や事故など人命を救出する任務にあたっている専門家は、どんなに事態が深刻であっても、人間と思われる存在を見つけると、かける第一声は「もう、大丈夫ですよ」だそうです。

例えば、倒壊した家屋の瓦礫《がれき》に足を挟まれている人。引っ張ったところで容易には抜け出せない。とても安心できる状態ではないのに、最悪の事態を心しながらも、「もう、大丈夫ですよ」と声をかけるのです。ここまでの究極の状況においては、これは並大抵のことではありません。

まずは、人の心に働きかけて、安心してもらうことが人命救助の基本の1つなのです。

人命救助において、助け出される人が安心することは、無用に泣き叫んで体力を落とすとか、また恐怖心から救出に抵抗をして手間取ってしまい、手遅れになるなどの二次災害的なリスクを減らすことにもつながります。人に安心を与えることで、物事がスムーズに運ぶという利益をもたらすのです。

逆に、パニックに陥っている状態のあなたを思い浮かべましょう。どのような行動を取るでしょうか。

とにかく助かりたい、それだけを目的に行動し、いつものあなたとは考えられない行動を取るかも知れません。そんなときに安心させてくれるものがあれば、あなたはいつもの自分を取り戻すことができるはずです。

まわりに利己的になってしまっている自分に気づかせてくれる存在がいますか。

人柄力のある人はそのような存在なのです。

まわりが見えなくなっている自分に気づかせてくれると言えば、先日、子どもの小学校の運動会に行ったときのことです。

お昼時になり、多くの家族が屋根のある場所に、陣取ろうと殺到していました。

その殺気立つ雰囲気には、一種のパニック状態を感じたのですが、そこに小学生のかわいげのある声で、校内アナウンスが流れます。

「さきほどグランドで50円玉が落ちていました。心当たりの方は本部まで来てください」

これを聞いて、殺気だった大人達も数人吹き出していました。そして、自分たちの行動が利己的であることに気がついたのか、場所の確保を整然とするようになったのです。

このアナウンスは落し物についてだったのですが、私には「大丈夫、たくさん場所はあるよ。落ち着いて」と言っているような気がしました。

また、何かで順番待ちをしているときに、前に並んでいるお母さんが抱いている赤ちゃんと眼があったときなども、イライラしていた自分を冷静にさせるきっかけになります。

ビジネスシーンにおいて、チームで大きな障害にあったとき、言葉だけではなく態度でまわりを安心させることも必要です。部下から報告を聞いて、うろうろとしながら落ち着かない状態で考えるのではなく、わざと落ち着いたふりをして、全く違う話題に持っていくなどして、部下に安心感を与えることも有効です。

不安とはその多くが杞憂《きゆう》だと言われています。相手を安心させることができれば、その不安は、自ずと解消されるのではないでしょうか。

また、部下のミスによって大変な状態になったときは、その部下自身の不安と、さらに自己嫌悪や恐れなども混じります。

そんなときに、追い打ちをかけるように詰責《きっせき》するよりも、「大丈夫、私も一緒に考えるから安心していいよ」と声をかけて、部下を不安から解いてあげるのが、人柄力です。

案件17

「君のところでやろう」

上司からのメール

差出人	熊沢統括部長
件名	〔重要〕直販計画について
宛先	吉田営業所長
CC	
送信日時	12月9日　21：15

吉田所長殿

経営層より以下の指示が来ている。

君のところで具体的なプランを練ってくれ。

1週間後に報告を聞きたい。

宜しく頼む。


――――――――――――――――――転送内容――――――――――――――――――

宛先：熊沢統括部長殿
発信：杉山専務取締役

熊沢統括部長へ

本日の取締役会で、社長のアイデアである「一般消費者をターゲットにした本格的珈琲豆の直販」を全会一致で合意した。

ついては、熊沢さんの管轄営業所1カ所を選び、具体的な実施に向けて進めて欲しい。

この企画は、卸販売が低迷する中、新しい試みとして、本格的な珈琲豆を小容量で販売できるプロトタイプを構築するものである。

そのために営業所に小型店舗を併設し、試飲コーナーや珈琲のある生活シーンを提案するなど、今までにない試みを期待している。

だからこそ、今回は現場からの声をそのまま企画にするよう社長から指示をされている。

わが社にとって将来を占う試金石になる可能性があるので、宜しくお願いしたい。

あなたの回答に

「部下をワクワクさせて巻き込む」行動が入っていますか？

人柄力のある人は周囲を主体的に巻き込むことができる

インバスケット思考では、営業所内でリーダーを選出して、プロジェクトを形成したり、案件9と関連してプランを作成したりするなどの行動が取られると思います。

それに加え、人柄力のある人は、周囲を自然に巻き込んで、進めることができます。

自然に巻き込むとは、部下が主体性を持って取り組むようにすることを言います。

では、どうすれば部下が主体性を持って、取り組むのでしょうか。

いえ、質問を変えましょう。

あなたが今まで主体的に取り組んだ仕事は、どのような仕事だったでしょうか？

私の以前勤めていた会社が、ライバル会社と業務提携を結んだことがありました。今まで敵対視していたライバル会社の傘下に入るイメージです。このときに社員の多くが戦々恐々として、これからどうなるのかと思っていました。

私は、そうすぐには自分のまわりに影響が出ることはないだろうと考えていたのですが、ある日上司から呼ばれて、ライバル会社の幹部教育に参加しないかと打診されたのです。自分がライバル会社の幹部と一緒に教育を受ける。しかも、ほとんどの研修参加者がライバル会社の社員です。私は躊躇《ちゅうちょ》しました。

そのときに「短い人生の中で、流通を代表する企業を2つも学べるとは、いいチャンスじゃないか」と言われたのです。

私はその瞬間に、〝その通りだ。必ず勉強になるに違いない〟と感じ、この研修に自主的に参加したのです。

私のお話をしてしまいましたが、最初の質問に戻ります。

あなたが今まで主体的に取り組んだ仕事は、どのような仕事ですか？

そうです。興味があって自分にとってメリットがある仕事ですよね。

皆さんはＦＡＢＥ分析をご存知でしょうか。

これはセールストークやプレゼンテーションの技法の一つで、分析対象について、

F（Feature）特徴

A（Advantage）利点・優位性

B（Benefit）相手が得られるメリット

E（Evidence）証拠

の４つの点から分析する技法です。

例えば、

「この○○は新素材で作られています」（F…特徴）

「○○は従来の製品と比べ、小型化軽量化されているので便利です」（A…利点・優位性）

「今までかばんに入れて持ち運びしていたのが、ポケットに入れて持ち運びできます」

（B…相手が得られるメリット）

「研究機関の結果では、従来の製品より30％軽く、すでに１００万台売れています」（E…証拠）

このようになりますが、私たちはどうしてもFとEを強調してしまい、相手からは、

「良いのはわかったけど、それがどうしたの？」

と受け入れられないことも多いのではないでしょうか。

このFABE分析はセールスやプレゼンテーションだけではなく、部下を仕事に巻き込む際にも使えます。

その**仕事の特徴、利点・優位性、部下が得られるメリット、そしてその根拠を示すと、部下をうまく仕事に巻き込むことができます。**

さらに、部下にワクワク感を持たせられる要素とは何でしょうか？

それは期待です。

「多くの営業所の中から、私たちの営業所が選ばれた。私たちは期待されている」というように、部下に会社から期待されていること、そして部下にとっても、新しい試みに挑戦できるというメリットを説明すれば、ただ指示や命令、ましてや「会社の方針だから……」と言うよりも、ワクワク感を持たせることができるのではないでしょうか？

人柄力のある人は、部下の立場になって考えることができます。

そのため、部下の特性をつかんで、部下をワクワクさせることができ、結果として仕事に巻き込むことができるのです。

案件18

「駆け足で回りましょう」

大田原よりのメール

差出人	大田原営業係長
件名	12月12日同行スケジュールについて
宛先	吉田営業所長
CC	
送信日時	12月9日　19：14

所長

お疲れ様です。
12月12日の所長の営業同行スケジュールを作りました。

09：00　営業所出発
09：15　喫茶カンパーニュ
09：45　コーヒーニューヨーク
10：15　カフェ・ド・ミラン
10：35　ビジネスホテル三松
10：55　三観ビルレストラン
11：20　ホテルキャピタル
12：00　喫茶双葉
12：20　レストラン五洋
（営業車内で食事しながら移動）
12：50　ハイウェイミドリ
13：15　カフェ・ド・ビューネ
13：40　イタリアンレストラン カラマタ
13：55　オアシス三田
14：15　営業所帰着（その後会議）
もう数店舗入れたいのですが、これが精一杯のようです。

宜しくお願いします。

あなたの回答に

「余裕のあるスケジュールを組む」行動が入っていますか？

人柄力のある人は余裕のあるスケジュールを組むことができる

このスケジュールを見て、インバスケット思考的には、これだけの店舗を時間内に本当に回れるのかという仮説や、もし時間がずれたら、その後の予定が大幅に変更になるというリスクを感じ取ることが求められます。

それに加え人柄力があると、8割くらいの充足率のスケジュールを組みます。つまり、ゆとりのある計画を組むのです。

時間管理については、私の著書『究極の判断力を身につけるインバスケット思考』（WAVE出版）で優先順位設定の考え方をお話しました。

そこでも少し出した例ですが、蛇口からコップに注がれている水が溢れていることを解決するには、どうすればよいでしょうか。

水が注がれるコップを大きくするのか？　それとも入ってくる水を少なくするのか？と聞かれれば、多くの人が水を止めるべきだと答えます。

しかし、実際の仕事でコップをあなたの時間、入ってくる水を仕事と考えると、多くの人は入ってくる水を全て受け取ろうとして、ときには休日に仕事をするなどして、コップを大きくしているのです。

そこで、優先順位設定をして、入ってくる仕事を取捨選択しようという考え方がインバスケット思考です。

人柄力のある人は、入ってくる水を取捨選択するだけではなく、コップに入っている水の量を8割程度に保っています。つまり、いつ突発的なことが起きても良いように、それらを受け入れる容量を確保しているのです。

時間の余裕は心の余裕につながります。心の余裕は安心につながります。
安心できていれば、そのときにやるべき仕事に集中できるのではないでしょうか。
時間を有効活用するということは、その時間の質を上げるという意味でもあるのです。

この案件18については、〝件数を多く回る〟という目標を設定していれば、このケースのスケジュールでも良いでしょう。しかし、それは目標設定そのものが間違っているのではないでしょうか。

何かを配達するのが目的なら、その目標でも良いのですが、取引先との信頼関係構築や現場の視察が目的であれば、数だけを目標にするのは間違いです。

逆に、時間に追われながらの訪問であれば、心にゆとりがなくなり〝ただ、寄っただけ〟になる可能性もあります。

時間をどのように使うかは、お金の使い道以上に重要なのですが、時間あたりでどれだけ報酬を得ることができるかに焦点があたり過ぎている気がします。

時間が生まれたからといて、また新たな仕事を作り出すのは、人柄力のある人ではありません。人柄力のある人はゆとり、つまり幸せな時間として活用します。

日本では経済指標の1つとしてGNP（国民総生産）が良く活用されていますが、ブータンという国ではGNH（国民総幸福量）を提唱しています。

GNPが金銭的・物質的な豊かさを示す指標であるのに対して、GNHは国民の精神的な豊かさを示すという違いがあります。つまり、経済的に充足することを求めるのではなく、幸せになることを求めるという考え方で、先進国の中でも注目されています。

時間の使い方でも、ＧＮＨの考え方をあてはめるのが、人柄力のある人の時間活用です。

案件18で言うと、例えば、回るお店を半分に減らして、そのお店のまわりを歩いてみる。これだけでも、訪問するお店の地域情報を得たり、住民の特性などがわかったりするかもしれません。その得られたデーターを持って訪問することにより、そのお店に対する分析や提案もできるでしょう。

また、遊びの時間として、最新の商業施設を回ったり、ライバル店舗に入ったりするなどするのも良いでしょう。一見、本当の遊びに見えるかもしれませんが、これは市場調査という重要な業務であり、インバスケット思考でも重要な領域のやるべきことに位置づけられているのです。

人柄力のある人は、このように**量を求める計画から、質を求める計画に変え、部下にもそのように指導していく**のです。

案件19

「やるじゃないか」

上司からのメール

差出人	熊沢統括部長
件名	リバーエンドホテルの件
宛先	吉田営業所長
CC	
送信日時	12月9日　12：14

吉田所長殿

先日、リバーエンドホテルの支配人と会食をした際に、最近、君の営業所の戸村君の提案方法が良くなったとお褒めの言葉をいただいた。

この調子で頑張ってくれ。

あなたの回答に

「部下を褒《ほ》める」という行動が入っていますか？

人柄力のある人は人を褒めたたえることができる

上司にお礼を伝え、今後の抱負を語るという行動が、インバスケット思考的な回答ですが、人柄力のある人は「部下を褒める」という行動を取ります。

この場合の「部下を褒める」という行動は、上司に対して「営業担当者の松戸君が頑張ってくれたおかげです」というような表現を使います。

リーダーであれば、基本的にメンバーの中では優秀なので、メンバーの良い点より悪い点が目につくことが多いでしょう。

「なぜ、このくらいのことができないのか？」

「俺だったら、もっと良い結果を出せるのに」

このように感じることは少なからず発生するはずです。

この視点から見れば、メンバーの実力はもっと高いと感じ、ときには十分に実力を出し切れていないことに、もどかしさを感じることがあるでしょう。

リーダーという役割は、ほめられることよりも、責任を追及されることの多い、荒海の防波堤のようなものです。だからこそ、たまに自分のチームの業績を褒められると、やっと努力が報われたような感覚になるのです。

しかし、チームの成果はあなた個人で出したものではありません。チームの成果が出たときは、メンバーを評価するべきです。

リーダーは代表であり、あくまで舞台で活躍するのはメンバーです。彼らがいないと成果は出ません。

だからこそ、本当に褒め称えられるべきなのはメンバーなのです。

人柄力のある人は、日々感謝をしているので、ごく自然に褒めることができます。

ただ、部下に感謝の気持ちを持つことは、わかっていても、なかなか難しいことです。

私も、数十人のメンバーのリーダーをしていた頃（20代後半だったと記憶）、部下に感謝の気持ちを持つようにと教えられてはいたものの、チームの目標を達成させることを第一に考えるがあまり、部下は働いて当たり前であるという感覚に陥っていました。

むしろ、リーダーである私が、ここまで苦労していることを、部下にはもっと知って欲しいとさえ思っていました。

部下の方から見れば、リーダーはリーダーの仕事をするのが当たり前で、自分たちの仕事をもっと評価して欲しいと思っていたのでしょう。

当然、このような関係ではチームの成果が上がるはずもなく、メンバーのモチベーションも低いままだったのは言うまでもありません。

そこで、1日1人1個、褒めるところを見つけることを実行しました。

全く褒める余地のないメンバーに、褒める部分などあるのかと思ったのですが、褒めるところを見つける観点を持つと、不思議に見つかるのです。

例えば、ある女性社員は、ゴミを捨てる際に、予備のゴミ袋を必ず次の人のために用意していたり、朝礼の前にホワイトボードをきれいにしてくれたりと、今まで見えなかった苦労が見え始めます。

リーダーからすれば当然の指導をすることによって、その人の生産性は一時的に改善するかもしれません。

しかし、その数倍に生産性を高め、しかも持続する方法が「褒めたたえる」という行動です。褒められて気を悪くする人はいません。

褒めることは、期待度を表しているとも考えられます。人は期待されるとその通りに成長する傾向があります。これをピグマリオン効果と言います。

褒めたたえるという行動には2種類あり、直接的に相手を褒めたたえる行動と、間接的に相手に伝える行動があります。

間接的に相手に伝える行動は、例えば、この案件19のケースで統括部長に「松戸君の功績です」と言うことにより、統括部長が松村君に「所長が君のことを褒めていた」と伝えることで、戸村君は直接褒められるよりも、さらに期待されていると感じるのです。

ぜひ、あなたも視点を変えて、相手の褒めるべきところを見つけ、1日1度は褒めてみましょう。そして、直接褒めることだけでなく、第三者にその人の良いところを伝えてみましょう。

そうすれば、きっとその人は、あなたが自分の仕事ぶりを見てくれていると実感し、あなたを強力にサポートしてくれるはずです。

案件20

「何かにおいます」

松永よりメール

差出人	松永営業係長
件名	ご報告
宛先	吉田営業所長
CC	
送信日時	12月9日　12：10

吉田所長

お疲れ様です。
定例報告です。

本日、みなもと高齢者施設の従業員食堂に営業に行って参りました。
そこで、入居されている高齢者の方とお話をする機会があったのですが、その方はコーヒーが好きで、できれば個人で購入できないかと相談されました。

弊社では、個人販売は行っておりませんが、本格的な珈琲を飲まれる高齢者が多いようなので、数名まとめてご注文いただき、小分けで納品するなどの方法も検討していただけないでしょうか。

もちろん、手間を考えれば利益は出ませんが。これから高齢化に向けて新たな市場のような気がします。

あなたの回答に

「戦略的に取り組む」という行動が入っていますか？

人柄力のある人は長いスパンで物事を考える

利益を重視すると、利益の出ない事業はするべきではありません。企業が継続するためには利益が必要だからです。

しかし、目の前の利益ばかり追求しているようでは、その企業の価値はどんどん下がっていきます。そこに戦略がないからです。

インバスケット思考でも、物事を長期的に見ることができるかどうかが試されます。

人柄力のある人は、同じく長期的視点に立って考えることができるのに加え、単純に利益だけではなく、どれだけ社会に貢献できるかも考えることができます。

戦略とは、常に優位な状態を作るためのものです。つまり、今だけ儲かっているから良い、という発想ではリーダーは失格なのです。

子どもに「今30分間遊んであげるか、２時間後に２時間遊ぶのはどっちがいい？」と聞いたことがあります。当然２時間遊ぶ方が時間は４倍なのですが、「今すぐ遊んで欲しい」と言います。

これは、目の前の欲求を消化したいという衝動が、損得を短期的に考えさせているのです。

子どもの話でしたが、私たちも目の前の短期的な利益を追求して、それを連続させることで、組織を運営できると考えているのではないでしょうか。

目の前の１万円が５年待てば、３万円になると言われてどちらを選ぶでしょうか。

これも「待つことのできる心の余裕」と「育てる楽しみ」がある人柄力の持ち主であれば、長期的な視野で判断することができます。

今人気の投資信託ファンドには、「エコファンド」や「復興支援型ファンド」などがあります。

これらは、短期的な利益の追求だけではなく、社会貢献にもつながる資産運用として、注目されています。単に利益を上げるだけが目的のものではないのです。

さて、企業は計画された利益を確保することも必要ですが、一方で長いスパンで考えることも必要であり、かつ、これからのリーダーに求められるのは、どれだけ社会貢献ができるのかを考えることです。

社会貢献とは、一部の大企業が行うものではありません。

私も1つの企業を経営していますが、会社設立以来、利益の一定額を海外の子どもの支援団体へ寄付しています。

それは、お客様から得た利益を使って、海外で教育を受けることのできない子どもたちに、有効に資金を循環させることが、会社の役目の1つだと考えているからです。

人柄力のある人は、幅広い視野と長いスパンでの観点を持ち併せています。加えて、心の余裕があるので、他の人とは違った判断ができるのです。

違った判断とは戦略的な発想と誰かへの支援です。

組織の力を使って個人の力ではなしえない支援ができる。そして、それが長いスパンで見たときに、組織の利益につながるかを判断できるのも、人柄力の条件です。

第4章

積み重ねが人柄力を高める

人柄力の第一歩は自分に意識を向けること

人柄力のインバスケットを実践して、自分には人柄力がないと落胆した人も多いかもしれません。それほど人柄力を理解することと実践することは大きく異なるのです。しかし、ここからは、すぐにでもできる人柄力を高める方法を紹介していきます。

紹介するのは、決して難しいことではありません。

もしかすると、〝なんだ、そんなことか〟と思われるほど、小さなことかもしれませんが、人柄力は、このような小さなことの積み重ねから形成されるのです。

これから紹介することは、すべて人柄力がある人の行動特性です。

同じことを習慣化すれば、人柄力が備わるだろうという狙いです。

これらのことを実践すれば、あなたも、今後出会う人も含めたまわりの人も幸せになれます。

では、人柄力を高めるための第一歩目から紹介していきます。

まず、今まで以上に自分に意識を向けることです。

人柄力のある人は、鏡をよく見ます。

例えば、男性はトイレに行き、手を洗ってそのまま出る人も多いのですが、よく観察してください。その中の数人は、トイレの鏡の前で髪の毛や服装を整えています。手を洗わず出る男性は論外です（女性トイレには入ったことがないので良くわかりません）。

つまり、言いたいことは、人柄力を高める第一歩は外見だということです。

本来は内面から変えていくべきなのかもしれませんが、すぐに人柄力をアップさせるには、まず外見を整えましょう。

これまでにも少しお話ししましたが、人は外見で第一印象が決まります。そのため、内面が素晴らしくても、外見が清潔感のないものだったり、奇抜だったりすると、内面を知ってもらう機会が極端に少なくなるのです。

本書でいう好印象は、異性にもてるための美しさを指しているのではありません。**人柄が良いと言われるのにふさわしい程度に、清潔感を保ち、悪い印象を与えないことを言っています。**ましてや、プチ整形などを推奨しているわけでもありません。

ただ、1日に数回鏡を見るだけでいいのです。そして鏡の向こうの自分を他人だと思って見てください。

それだけでいろんな発見があります。

〝疲れているな……無理をしているのかな〟

〝目が赤いな……寝不足かな〟

〝ネクタイが緩んでいて、だらしないな〟

これは、より自分へ意識を向け、関心を持つことにつながります。本来、人間は自分に興味がありますので、一度興味を持つとこだわり始めます。そのこだわりも外見的な魅力を醸し出すのです。

国内化粧品市場が低迷している中、潜在市場として注目されているのが男性化粧品市場です。消臭や清潔感などに関心を持つ男性も増えています。

ぜひ、ドラッグストアの男性化粧品コーナーに行ってみてください。きっと興味のあるものが見つかります。

もう1つ、鏡を見るのが楽しくなる方法をお教えします。

なんでも結構です。こだわりの品を身につけてください。

例えば、男性であれば、ネクタイ、シャツ、眼鏡、ベルト、靴、ネクタイピン……。

1つこだわり始めると、次から次へと派生していき、鏡を見るのが楽しくなります。見えないところでも結構です。万年筆や名刺入れ、ハンカチなど、ビジネスパーソンは小物に囲まれて仕事をしています。何か1つこだわってみるのも良いのではと思います。何か1つ身につけるものにこだわると、自然と全体を気にし始めるものです。

ビジネスパーソンは、毎日周囲から見られています。外部からは会社の代表として見られています。常に見られているという意識を持ってちょうど良いくらいです。

今、イメージコンサルタントという職業が人気です。アメリカ生まれの職業だそうです。その地位、キャリアにふさわしい外見を戦略的に作り上げる専門家を指します。

アメリカ合衆国大統領も代々イメージコンサルタントをつけ、「どのように見えるのか」を重視しているようです。

例えば、勝負を決する演説の際には、たいてい赤いネクタイを着用しています。赤は、前面に飛び出して見える色であることから、人に注意を喚起する色とされる一方で、火を連想させることから情熱を表現する色でもあります。

ぜひ、あなたも人柄力を持った自分のイメージと、自分の外見を比較するように鏡を見てみましょう。

笑顔は人柄力のスイッチ

人柄力のある人の印象は、明るいか暗いかで言うとどちらでしょうか。

もちろん、明るい印象です。その明るさとはどこから来るのでしょうか。

明るい人は良く笑います。当たり前じゃないかと叱られそうですが、この笑うという行動がなかなかできていない人が意外に多いのです。

人柄力のある人はどんな笑い方をするでしょうか。

ニコッと笑う人もいますし、大声で豪快に笑う人もいます。

人柄力のある人に共通しているのは、とても自然な笑い方で、まわりも明るくする笑い方です。

その笑い方を習得するには、笑う機会を多くすることが一番です。

人によっては「上手に笑う方法」といった類の書籍などを手にして、鏡を見ながら練習をするのかもしれません。しかし、それは人工的に作られた笑いであり、人柄力にはつながりません。

笑顔に不自然さがあると不気味になり、それは、ときに明るい笑顔ではなく暗い笑顔になってしまいます。

でも、あえて本書では笑顔を作ることをお勧めします。

つらいときや、自分が何かに追われているなと思ったときほど、笑顔を作ってみてください。

不思議なことに、なぜか心が明るくなります。

そうならない場合は、表情とは裏腹の感情を強く持っているからです。

笑顔に任せて、感情を自然にしてあげてください。

私には、それまで鬼軍曹のようだった上司が、定年退職する際に見せた笑顔の印象が今でも残っています。仕事では見せたことのなかった笑顔です。その人が本来持っている笑顔なのでしょう。

残念なことにその上司は、仕事はできるが、部下からはうとまれるくらい厳しい上司でした。

定年退職の際に喜んでいる人も多くいました。定年退職のお祝いで喜んでいるのではなく、その人が職場からいなくなることに対する喜びです。

あの笑顔を職場で出していれば、その人自身の印象も大きく変わったはずですし、なによりチームの雰囲気が変わっていたはずです。非常にもったいなかったなと感じました。

仕事中に笑顔を見せるのは不謹慎だと思う人もいるかもしれませんが、笑顔は使い方によってはチームのメンバーに無言の励ましを与えます。

メンバーからするとリーダーが明るい笑顔で挨拶してくれたり、励ましてくれたりすることで、その日のモチベーションがかなり違います。

当然、いつも笑顔でも困ります。締めるときは締めなければなりませんが、本来笑顔になるべきところで笑顔が出ないのはもっと困ります。それだけでチームの活気がかなり下がるからです。

だからこそ笑う場合は純粋に笑うようにしましょう。純粋に余計なことを考えずに笑えるようになれば、特別に笑う練習をする必要はありません。

笑っているときや楽しいときには、わざわざ不安になるようなことは考えないことです。不安になるようなことを考えたところで、事態は何も変わらないことを自分に言い聞かせましょう。楽しいときには純粋に笑う。それを習慣づけましょう。

ちなみに、不安の大半は実際には起きないことと言われています。テレビ番組などは、その起こり得ないようなことをクローズアップして取り上げ、過度に不安心を駆り立てているのです。

気分転換のためであれば、テレビでも楽しい番組を見たり、笑いを誘うようなその時間を楽しむ番組を見たりするのがお勧めです。

これまで述べてきたように、笑顔は人柄力のスイッチです。自然な笑顔を出すことで、自分とまわりを元気づける人柄力が発揮されます。

人柄力のある人は、まわりが暗いときほど、笑顔で明るく照らしてあげるのです。

きちんとした挨拶をする

「人に会ったら、挨拶をしましょう」

これも〝何をいまさら……〟と思われそうなことです。

しかし、〝きちんと挨拶ができているか？〟と問われて、どれだけの人がＹＥＳと答えられるでしょうか。

まず、なぜ挨拶をしなければならないのかをしっかりと考えるべきだと思います。

「挨拶をする」

と私たちは小さな頃から教育されてきました。幼児期のしつけとして言われてきたことが、いまや会社の新人教育の一環としても行われるほど重要なのはどうしてでしょうか。

挨拶には、もともと相手に安心感を与える意味合いがあります。

例えば、日本人の挨拶の基本は、相手に向かって頭を下げる行為です。

この姿勢には、相手に危害を加えないという意味が含まれています。武士の社会をイメージすれば、わかりやすいでしょう。

見知らぬ人と遭遇したときに、「私はあなたを斬るどころか、こちらの首も差し出す姿勢です」というメッセージが込められているのです。

小売業などでは、お客様をお出迎えするときには、両手を前にし、お辞儀をします。これも諸説ありますが、「手には何も持っていない、または、あなたに向かって手を上げたりしない」という意味合いが含まれると言われています。

相手に対してそういう姿勢を取ることで、近づくことによる緊張を和らげ、安心感を与えられるのです。

そのため、きちんと向き合って挨拶を交わすことが、人間関係形成の第一歩となるのです。

挨拶をしない人は、挨拶をすることが恥ずかしいと言います。確かに、見ず知らずの人に声を掛けるのは勇気がいります。相手から挨拶が返ってこなかったらどうしようと思うと躊躇《ちゅうちょ》することもあるでしょう。

しかし、**一度、挨拶の機会を逃すと、さらに挨拶がしにくくなったり、会話を始めてもお互いの信頼関係が築かれるのが遅くなったりします。**

さて、では、人柄力を高めるには、どのような挨拶をするべきかをお話します。

人柄力のある人の「きちんとした挨拶」のポイントは、

相手の方を向いてする

パソコンを打ちながら、または書類を作りながらの〝ながら挨拶〟は挨拶ではありません。単に反応しているだけです。例えば、あなたが出社していて、部下が後から出社したとします。部下が先に挨拶をしたら、必ず手を止めて部下の方を向いて挨拶をします。

視線を合わせる

名刺交換の際、名刺ばかり見て眼を合わせず挨拶をする人がいます。視線を合わせると緊張しますが、眼を見ての挨拶と眼をそらしての挨拶では、相手が感じる人柄力に雲泥の差があります。

名前を呼ぶ

名前は本人が一番気になる言葉です。大勢の人がいる場所で自分の名前を呼ばれると必ず振り向くはずです。挨拶に名前をつけ加えるだけで、相手に重みを感じさせます。「おはよう」から「鳥原君、おはよう」に変えるだけで、自分に挨拶をしてくれているとより強く感じます。

相手への関心を伝える

名前をつけて挨拶するだけでも効果的なのですが、それだけで終わってしまうのでは寂しいです。相手に関心があることを伝えると、さらに人柄力は伝わります。例えば、

「鳥原君おはよう」

よりも、

「鳥原君おはよう。今日は早いね」

としたら、いかがでしょう。何か行動に関心を寄せることで、相手は日頃から関心を持ってもらっていると思うのではないでしょうか。

以上のポイントを押さえた挨拶を必ず実践するようにしましょう。

たかが挨拶、されど挨拶です。

以前、ある企業から組織間でのコミュニケーションがうまく取れないと相談を受けました。

そして、その企業のオフィスの奥の会議室に通されたとき、オフィスに向かって挨拶をしました。すると、上目使いでこちらを見るだけで、どなたも挨拶を返してくれませんでした。役員はインバスケットを使ってコミュニケーション能力を強化したいとのことでしたが、まず先に挨拶の習慣をつけてもらうことをお願いしました。高度な理論よりも、まず挨拶を実践することの方が、数十倍効果があると感じたからです。

相手が挨拶をしないのは、自分がしないからです。

人柄力を高めるためにも、相手が挨拶を返したくなるような「きちんとした挨拶」を今日からはじめましょう。

相手が聞きやすいスピードで話す

あなたの話すスピードは、速いですか、それとも遅いですか？

このように尋ねると多くの人は普通くらいと答えます。

私は、自分の話すスピードは、少し速いくらいとの認識でしたが、講師として自分の講義風景をビデオカメラで撮って見てみると、〝非常に速い〟ことに驚きました。

これは私だけではありません。

インバスケット研修の中で、自分がインバスケット問題の中の主人公になり、部下を前にして課題と方針を発表するカリキュラムがあります。

このカリキュラムの目的は、限られた時間で自分の考えを効果的に伝えることです。

そこで、ビデオカメラを回して、発表者を撮影し、後で自分で確認します。

すると、8割以上の人が、思ったより速い口調だったと言います。

話すスピードが速いと、相手は聞きとりにくかったり、落ち着かなかったりします。

しかし、話すスピードは、話し手の感情に影響され、感情が安定していないと速く話したり、一方的に言葉をぶつけるような話し方になったりします。

そのことがわかっていても、特に人前に立つと、感情を安定させるのは難しいものです。

そこで、話すスピードをいつもの半分くらいに落とすイメージでお話をしてください。少し遅いかなと思う程度でちょうど良いでしょう。

部下を持つようになると、会議などを主催することが多くなりますが、冒頭で連絡・指示を伝えるときも、慌てずゆっくりと語りかけるように話して下さい。

私自身も、もともと早口ですので、意識して半分くらいのスピードで話しますが、つい興奮するとそんなことは忘れてしまいます。どうしても忘れてしまうときがあっても構いません。思い出したときにゆっくり話す程度で結構です。

話すスピードを落とすと、相手がイライラするのではと思うかもしれませんが、一度実践して相手の表情を見てみてください。決してそのようなことはないはずです。

いつもの速いペースで話すよりも、相手にうまく伝わるので不思議な気分になります。

早口でまくしたてるように話すよりも、ゆったりと一言一言理解させるように話すと伝わりやすいのです。

また、話すスピードを落とすことで、相手に安心感を与えることももちろんですが、実はもっと大きな効果があります。

大きな効果とはあなた自身の心に変化が起きるのです。

ゆっくりと話すことで、心が落ち着き、頭で整理しながら話すことができます。

さらに、相手の表情や反応を見ながら、気持ちに配慮して話せます。

間を意図的に取ることでも、話すスピードを落とすことができます。

間が発生すると、「何か話さなくてはならない」などと感じるのですが、この間は「相手が理解する時間」であったり、相手が「何かを話すタイミング」であったりもするので意図的に間を持ってみることにも挑戦してください。

部下を持つビジネスパーソンにとっては、成果を出すようにメンバーを納得させるのが非常に重要な技術になります。

その際、部下も感情がある人間なので、人柄力のあるゆったりとした話し方が絶大な効果を発揮します。

少し、話すスピードを落とす。今日からやってみましょう。

「どうぞ」の一言の大切さ

「どうぞ」という言葉には、呪文とも思えるような人を動かす力があります。

この言葉には「譲る」や「勧める」という意味以外にも、心から祈るという意味合いも含まれています。つまり相手に対する思いやりが込められているのです。

〝どうぞ〟は、日常の様々なシーンで聞かれます。

例えば、レストランに行ったときに、スタッフが無造作に机の上に置いたおしぼりか、それとも「どうぞ」と言われて渡されたおしぼりかで、同じ温度のおしぼりでも心まで温かくなるかどうかに差が出ると思いませんか。

私が通っているスポーツクラブは、更衣室やシャワー室が手狭で、混み合う時間などは譲り合いながら使わなくてはなりません。特に更衣室からロビーに出る場所は、多くの人が靴を履くために混雑しています。しかも、そこは入ってくる人と出ていく人がぶつかり合う場所なので、もめごとも起こる場所です。

しかし、先日その場所で、ある初老の男性が、この呪文を口にして相手を先に通します。

「どうぞ」

こんな短い一言で、淀んでいた人の流れがスッと良くなります。

今までイライラしていたことに反省させられました。

その言葉だけで、混雑のために不愉快そうにしている人も、思わず表情がゆるみます。

そして、会釈しながら通り過ぎていきます。こうして気持ちのよい往き来ができるのです。

エレベーターを降りるときでも、我先にと降りるのではなくて、開ボタンを押しながら「どうぞ」という人もいます。そして、その人は最後に降りるのです。素晴らしい行動だと思いませんか。

「どうぞ」と言える人と言えない人の差は何なのでしょうか。

まずは、時間的なゆとりがあるかどうかです。人柄力のある人は、たいてい先を読んで行動するので、時間ギリギリに行動することはあまりありません。基本的にスケジュール管理がきちんとなされているのです。こういう前提があるから、たとえばエレベーターから降りるときに我先にと突進する必要がないのです。

さらに、**心にもゆとりがあります。目先の小競り合いから得られるものが何もないこと**

を知っているのです。知らない誰かより何歩か先を行けたところで、大して得られるものはありません。それより、相手を先に降ろすことで、自分自身も満足感を得ることができます。

私は、この「どうぞ」という言葉に、何度、人柄力を感じたかわかりません。

先日も、空港で飛行機から降りるとき、到着しターミナルビルに接続するなり、我先にと出口に向かう人の群れを目にしました。いつもの光景です。遅れまいと割り込む人、割り込んだ人を睨《にら》みつける人、そのような修羅場のなかにあって、なおかつ「どうぞ」と言える人が機内に1人か2人は必ずいます。

〝我先に〟と降りた人も、結局は手荷物受取所で、譲った人と居合わせてバツが悪そうにしていたりします。「どうぞ」と言っていた人は、マナーのできていなかった人たちとは全く違うオーラを出しながら、澄み切った空のような心で空港を後にします。

会議の際にも、この「どうぞ」が効果を発揮します。

会議で議論が白熱してきたとき、言葉の上に言葉が重なり、まるで違うラジオ番組を同時に流しているかのような状態になることがあります。そのようなときに、自分の意見を我先にと発言する人と「お先にどうぞ」と譲る人にわかれます。

多くの場合は「どうぞ」と言った人の主張が通るような気がします。それだけゆとりがあり、発言内容にも自信があるのです。

つまり、我先にと押し合わずとも、最終的には自分の意見をしっかり伝えることができると思えるだけの自信と余裕があるのです。

「どうぞ」の言葉の威力はあなたの内面にも影響します。自信や思いやり、そして人柄を形成する重要な言葉だと思います。

だからこそ、**自信や余裕がないときほど「どうぞ」と言いましょう。**その言葉は自分に対しての言葉でもあるのです。

あなたは本日、何人に「どうぞ」というたった3文字の言葉を掛けることができるでしょうか。

読書は人柄力を養う

人柄力の形成に読書は欠かせません。

「本なんて読んでる暇はないよ」と言う人がいますが、それは本当に時間がないのか疑問に思えます。

つまり、果たして本を読むことより重要なことがそんなに多くあるのかということです。

本を読むのは自分を高める行動で、自己投資とも言えます。

この行動はインバスケット思考では、次の優先度の図で言うと、Bの領域に入ります。緊急度は低いけれども、重要度が高いものです。

緊急度、重要度からAの領域の優先度が高いのは当たり前として、一番目を向けるべき領域はBです。Aの次に優先すべき領域です。本を読むことは優先度の高いことなのです。

私が著書を出してから気づいたことがあります。

インターネットのウエブサイトで、読書メーターやブクログといった、自分の読書を管

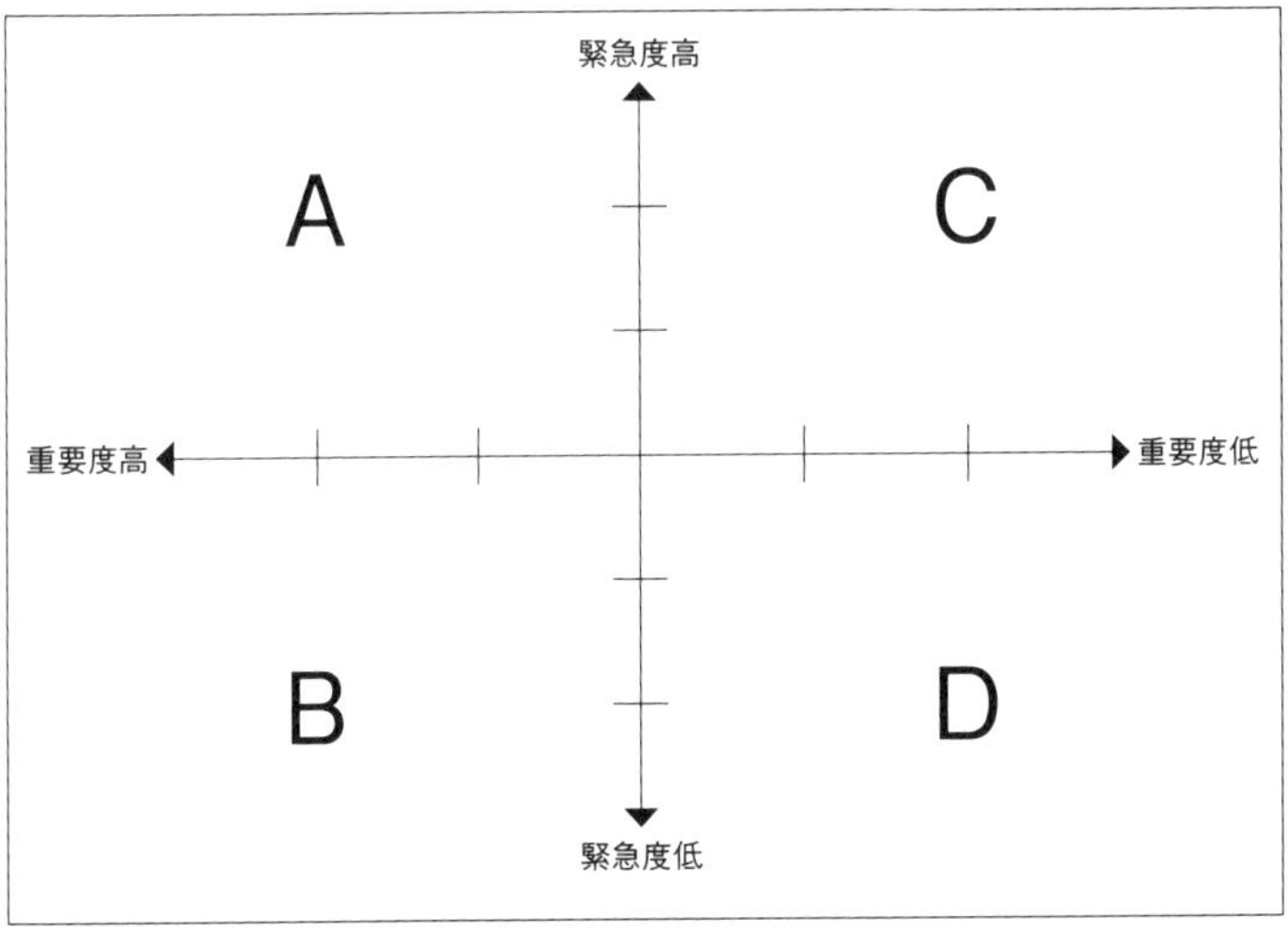

理記録できるものがあります。そこでは、読んだ本についての感想などを共有することができます。

私は、自分の本はどのような感想を持たれているのか、読者が他にどのような本を読んでいるのかを参考にしているのですが、本を味わいながら読んでいる人がこれだけ多いことに驚きました。

この人たちは時間が有り余っているからこれだけ読めるのでしょうか。

違います。これは推測の域を出ませんが、「本なんて読んでる暇はないよ」という人よりも忙しいのではないかと思います。

例えるなら**本は頭の栄養です。空腹なときに力が出ないのと同じで、頭にも栄養がなければ**

良いアウトプットはできません。

頭に栄養が供給されているかは、会話の中でよくわかります。様々な考え方を頭の中に持っている人や話の内容が非常に奥深い人と、自然に入ってくる情報のみをもとに会話をしている人では大きく印象が異なります。

これは知識や雑学を詰め込むことをお勧めしているのではありません。あなたの考え方の中に様々な道具を持つことをお勧めしているのです。

例えば、パソコンで言えばワードしか使えないのではなく、エクセルも使え、パワーポイントも使えるなど目的に応じて様々なソフトが使える方が便利です。

読書も、様々な考え方や価値観、そして情報などを得る貴重な行動です。

ビジネスシーンでは、多くの相談や、意見の対立などと直面します。さらに、上位職になるほど、これを自分で判断し解決をする必要があります。

そのときに、「これはできるがこれはできない」ということではプロ意識が欠如していると言わざるをえません。

せめて、どのような方向で解決するのがベターなのか判断する必要があります。

読書によって、様々な考え方や知識を得ておくと、このような際に、判断の選択肢が多くなり、自分を助けてくれます。

さて、ここまで、読書が有益であることをお話してきましたが、

「それはわかったが、やはり急には本を読む気にはならない」

というような人もいるかもしれません。

そこで一つご提案です。まず書店に行って下さい。そして30分でもいいです。本に触ってみてください。

正直なところ私も、本を出すまではネットで気になる本を買うというスタイルで、書店に行く機会はそう多くはありませんでした。

しかし、書店に足を運ぶようになり、その良さを感じています。

書店には必ず、あなたの考え方に重大な影響を与える本が埋もれているはずです。そして、気になった本は手にとって見てください。

自分のやり方や考え方を貫くのも大事ですが、一方で、自分の考え方の幅や奥ゆきを広げるためにも、書店で今どのような本が人気なのかなどを観察することも大事だと思います。

現在どのようなことが話題になり、人々に関心を持たれているかの目安にもなります。

ビジネスパーソンは、何か知らないことがあると恥ずかしい思いをするかもしれませんが、大事なのは、知らないまま放置するのではなく、知ろうとすることです。

その際も、書店に行くのが効果的です。自分が知りたいことについての本をざっと見るだけでもつかめるものがあるはずです。

さあ、今から書店に向かいましょう。

嘘をつかない

「嘘をつかない」

当たり前じゃないかと言われそうな基本的なことです。

嘘をつくと人からの信用がなくなります。

私は仕事上、企業などに採用面接の指導を行うことがありますが、面接で嘘を見抜く方法があります。嘘をついている人は「なぜ?」や「具体的に」という言葉に弱いのです。

例えば、面接の場面で、実際は自分の実績ではないのに、自分の実績かのように自己アピールする人がいます。そこで、「凄いですねえ」などと答えるようでは面接官失格です。

「その実績を出すにあたり、あなたがどのような行動をしたのか具体的に教えてください」というように尋ねると、嘘を言っている人からは具体的なものが出てきません。

私はこの実績について知りたいのではなく、言っていることが真実なのかを知りたいのです。

その受験者は明らかに動揺していました。おそらく、面接対策本などに書かれていた回答例を記憶してきたのでしょう。

このように経験していないことには、具体的に答えられません。

一度面接で嘘を言って追及されると、嘘を見抜かれたのかもしれないという焦りや罪悪感などの感情が、その人を支配してしまい、その後の回答も見ていられない状態になります。

このような、相手を騙して自分が利益を得ようとする嘘は、相手にとっても本人にとっても悲劇しか生みません。

人柄力のある人は、自分を良く見せるための嘘はつきません。

それは、今の自分をあるがままに受け入れていて、飾る必要がないからです。

長期的に見れば、本当の自分を相手に受け入れてもらうことが大事であり、嘘や虚栄などで立派に見せても、それは本当の自分ではありません。

嘘をついたのと同時に、嘘をついた自分を永遠に追いかけることになります。しかし、多くの場合追いつくことはありません。

特に部下を持つようになると、権威を守ろうとしがちです。それは職位上必要かもしれませんが、権威を守るために嘘をついてしまうことがあります。

「俺なら○○ができる」

「そんなことは知っている」

「それは○○ということだろ」

私も過去に部下の立場で、このような上司の言葉をよく聞いてきました。

その都度、

〝ああ、あまり知らないいんだな〟

と心で思っていました。

リーダーの虚栄を張る態度や嘘は、部下からはだいたい見透かされています。

部下は、嘘を言っていることを承知で、騙されたふりをしているだけなのです。

しかし、部下の立場でこのように考えていても、いざ自分が上司になると、さきほどのような言葉を使う自分に気づきます。威厳を守るためにです。

「上司が知らない？　上司失格では？」

このように思われたくないばかりに、その場しのぎの嘘を言ってしまうのです。

これも自分の為の嘘です。

無理に自分を飾ろうとしないでください。

人が誰かを凄いと思ったり、尊敬したりするのは、その人の口から聞くことではなく、他人が「〇〇さんは〇〇ができるらしいよ」と言われることに対してなのです。

人柄力のある人は、このように他人がPRをしてくれます。

その場しのぎの嘘や虚栄など意味がないのです。今の自分を受け入れましょう。

また、会話中に、みんなが知っていて、あなただけが知らないことがあっても、知った素振りをしたり、嘘を言ったりしないでください。

それよりも、**知らないから教えて欲しいと聞く方が、あなたの人柄力を育む結果となります**。そして、そのように素直に聞けるあなたを、周りの人は受け入れてくれ、気持ち良く会話に入れてくれるはずです。

人柄力のある人は自分のための嘘をつきません。

さて、4章でご紹介したことは、すぐにできる人柄力を高める方法です。

決して難しいことではないので、このうちのいくつかでも、実践してみましょう。

第5章

人柄力をさらに高めるには

人柄のブランド力を維持する

ここからは、あなたが人柄力が身についたと実感したときに、お伝えしたいことについてお話しします。

人柄力はブランド力です。

ブランドは長い時間かけて築きあげる〝どんなもの〟という概念です。

人間で言うと〝その人らしさ〟です。

芸能人で、アイドルからバラエティ系に転身すると、あたかも別人のように雰囲気が変わり、話し方や考え方まで変わったかのような人がいます。

これほどまでに雰囲気も話し方も変わるのかと驚きますが、アイドルにはアイドルのブランド戦略があり、バラエティ系にはバラエティ系のブランド戦略があるのです。

あなたも、転勤や昇進といった転機に、自分のブランドを変えようとしたことはないでしょうか。

例えば、

「次の新しい職場では厳しい課長を演じよう」

「最初の挨拶の際に、どのような切り出し方をしようか？」

など、多くの人は新しい環境で自分らしさを作ろうとします。

しかし、明確なブランド戦略がないので、多くの場合はブランドイメージを変えることができず、元のキャラクターに戻ってしまいます。実はその戻った状態が本当の〝その人らしさ〟です。

人柄力も同様で、外見が急に変わったとしても、内面が大きく変化することは、あまりありません。自分で変化したと感じていても、まわりから見ると大して変わっていないと思われているものです。

まわりから〝何か変わった〟と思われ始めたら、本当に人柄力がついてきたときです。

本当に人柄力が身につくのかと疑問を感じるときもあるかもしれませんが、ブランドと同じように〝築き上げる〟という感覚を持ちましょう。

そして、人柄力がついてきたとしても、それがゴールではありません。

次は人柄力を維持することが求められます。

人柄力はコツコツと形成されるわりには、非常に壊れやすいのが特徴です。

人柄力というブランド力を持ったら、そのブランド維持にも力を注ぐ必要があるのです。

まず、日ごろの行動や態度について、人柄力を十分に意識しなくてはなりません。

しかし、安心してください。

人柄力を身につけた人なら、全く苦痛ではありません。ブランドの維持と言っても、すでに人柄力以外に多くのブランドがついています。

そしてそのブランドを無意識に守っているのです。

あなたは取引先の会社内で、ゴミのポイ捨てをしますか？

しないですよね。それは、あなたに現在勤めている企業の社員であるというブランドがあるので、そうしないのです。

大勢の子どもたちが信号を待っている前で、信号無視をして横断歩道を渡れますか？

これもしないですよね。大人というブランドがあるので、そうしないのです。

また、人柄力が身についたら、内面的にも外見的にも、今よりも自分を磨いていく姿勢が必要です。なぜなら、〝常に向上心を持っている〟ことも、人柄力のうちだからです。

これは人柄力のある人の宿命であり、生き様と言えます。

人柄力があるがゆえの注意点

何事にも表と裏があります。

人柄力があることにも、デメリットがあります。

人柄力が身についてきて、しばらくすると、これに気がつくときがやってくるでしょう。

メリットも捉え方によってはデメリットになります。

この項では、人柄力を身につけたら、どのようなことに気をつけるべきかを考えてみましょう。

まず１つ目は、人柄力の人を呼び寄せる効果についてです。

人柄力を持った人を呼び寄せるケースもあれば、招かれざる人も呼び寄せてしまいます。

例えば、キャッチセールスに捕まりやすくなります。彼らは話を聞いてくれそうな人をかぎわける鋭い観察力を持っているのです。

ただ、人柄力を身につけていれば、少し会話をすると、その人がどのような目的で近づいてきたのかがわかります。これは直感的なものかもしれませんが、よくその人を〝人柄が良いか〟という観点で観察してください。

人柄とは、その字の通り「人の柄」です。いかに着こなしなどが素晴らしくても、この柄（雰囲気）は隠せません。特にお話をするとわかるはずです。

人柄力のある人には様々な人が近づいてくるのです。

ただ、勘違いしてはいけないのが、**大多数の人はあなたの人柄に好意を持って近づいてきます。それを少数のケースで疑心暗鬼《ぎしんあんき》になることは、あなたの人柄力を下げることになりかねないので注意が必要です。**

また、人柄力が身につくことで起こるのが、誘いを断ることへの抵抗や戸惑いです。人柄力のある人にとって、邪険《じゃけん》に断ることは、相手に悪いような気がして、苦手な行動となることが多いのです。

そうは言っても、すべて断らないというわけにはいかないので、私は、断るときには、できるだけ相手に嫌な思いをさせないように気を使います。

次に、人柄力が身につくと、多くの人があなたを信頼して相談に来るようになります。

そして相談内容のレベルも、人柄力が高くなるとともに高度化します。

つまり、まわりに相談しても対応できない相談が、あなたのもとに来るわけです。

例えば、会社内でも、自分の部下だけではなく他部署の人間が相談に来たり、中には上司から極秘の相談をうけたりします。

自部署の部下なら相談に乗れるのですが、他部署の人間となると、直属の上司を通り越して相談に来るので、デリケートな対応が必要です。つまり、その人の直属の上司に配慮しながら対応しなければならず、気を使います。

上司からの相談も多くなります。上司から相談なんて……と思うかもしれませんが、人柄力がつくと、上司から相談を受けることが増えます。

人柄力のある部下は誰よりも信頼できて、右腕のような存在なので誰にも相談できないようなことも相談できるのです。

人柄力があるがゆえの悩みになりますが、相手のことをあたかも自分のことのように捉えて相談に乗るので、その後の業務がやりにくくなることもあります。

まるでカウンセラーのようです。ただプロのカウンセラーは、相談者の悩みを真剣に、そしてあたかも自分のことのように感じて親身になって相談に乗りますが、相談の時間が終わるとすっきりと相談内容を忘れてしまいます。これがプロのなせる業です。

なぜそうするかというと、カウンセラーと言えども人間であり、他人の悩みを全て自分が背負ってしまうと、自分自身が苦しみ、カウンセラーとして他の人の相談に乗れなくなってしまうからです。

だから、あなたも相談を受けるのであれば、

・時間を区切ること

・その道のプロを知っておく

という2点を意識しましょう。

〝時間を区切る〟ことですが、相手の話を親身になって聞くと、かなりの労力を必要とする上、相手はその時間は心地よいのですが、結局話がまとまらないということになりがちです。

時間を決めることで、相手も相談内容をあらかじめまとめ、気持ちの整理をその時間で行おうとします。そして、あなたも次の行動への労力を残すことができます。

また、〝その道のプロを知っておく〟とは、専門家に任す準備をすることです。

プロでなくても、元気や癒しを与えることはできますが、人柄力だけでは専門的な悩みを解決はできないと悟るべきです。

だからこそ、心理系なら心理カウンセラー、健康面なら専門の医師、人間関係なら人間関係が得意な人に任せるべきで、あなたはその紹介をすると良いでしょう。あなたが全てを解決できるのではないのです。

自分が受けた相談を他の人に振ることには抵抗を感じるかもしれませんが、親身に考えた結果、勧めたのであれば、相手は感謝してその専門家を訪ねるはずです。

こう考えれば、気軽に相談に乗れて、自分も背負い込まずに苦痛を味わうこともないのです。

以上のように、人柄力があるがゆえの大変さもありますが、このことが、人柄力がついて来た証拠です。さらに、あなたらしさを保ちながら、人柄力を高めていきましょう。

お人柄が良いと言われる人生

インバスケット思考は、良い判断をするための考え方です。良い判断をすれば失敗をする確率も減るでしょうし、判断に対して後悔しないと思います。

現在のビジネスシーンでは、高度な判断が求められているので、多くの企業やビジネスパーソンが、中には実費でインバスケットの研修を受けます。

しかし、これまで述べている通り、インバスケット思考でプロセスを重視して良い判断ができても、それだけで人生がすべてが素晴らしいものになるとは限りません。

ただ食べたり、寝たり、報酬を得たりなどの最低限の生きる機能を果たせば十分というのであれば別なのですが、本当に人間の素晴らしいところは、より人間らしく生きようとする本能つまり人柄力があることです。

マズローの欲求5段階説（人間の欲求について、5段階に分け、下位の欲求が満たされると、その上の欲求の充足を目指すという説）でも、下位の欲求から順に、1段階目に食べられるようになる、２段階目に安全に暮らす、３段階目に集団として行動する、４段階目に周囲から認められるとされていて、これも私は、より人間らしく生きようとする本能を表した法則だと考えています。

そして、このマズローの欲求５段階説の一番上、５段階目には「自己実現」の欲求があります。

これは、自分の持つ能力を最大限活用したいという欲求と言われていますが、これは今の自分を超えていく欲求と考えることもできるかと思います。

マズローの５段階の欲求のうち、自己実現以外の欲求を「欠乏欲求」と言います。

欠乏欲求とは、ないから欲しいという欲求です。

そして、自己実現欲求だけを「成長欲求」と言い、欠乏欲求との違いは、動機がないと発生しない欲求だという点です。

つまり、今の自分を超えたいという動機がないと発生しないのです。

ぜひ、この「成長欲求」を持ち続けて下さい。そして、人柄力を高めていってください。

大丈夫です。まだまだ時間はあります。

そして、これからあなたが出会う人と幸せに歩んでいきましょう。

おわりに

私も自分自身、まだまだ人柄力が完全に身についたとは思っていません。

現在、多くの方の励ましやご支援のおかげで、仕事や事業が軌道に乗っていますが、それは本当の幸せなのか、自分の最終目標は何なのか、常に深く考えています。

実は本書は自分に向けた本でもあります。

つまり、自分の目指すものを明確に形にしたかったのです。

だからこそ、ぜひとも出版したい本でした。

そして、WAVE出版の玉越直人社長、小田明美編集部長のご支援と励ましのもと、インバスケット思考のシリーズ本として刊行していただくことになりました。

執筆を始めた当初は、とにかく人柄力のある人を探しました。

さらに、人柄力のある人の行動特性（共通した行動パターンや思考パターン）を拾って、それがどのようなシーンで発揮されるかをもとに問題設計などを行いました。

初めての試みで、読者の方には、思ったような解説ではないとショックや落胆を受けた人もいるかもしれません。そうであれば本当に心痛を感じます。

しかし、人柄力のある人の話を聞いていると、完全な人柄力を持った人はいないこともわかります。どんな人間にも弱点があり、傷つきやすい面があるのです。

だからこそ、生を受けている間に、人柄力をつけて、まわりの人たちを照らしながら、そして自分も大切にしながら、生きたいものです。

ぜひ、本書を読んでいるあなたと一緒に私も、より人柄力を高めたいと思います。

そして、人柄力のある人同士が引き合い、私もどこかで、皆様とお会いできるのを心より楽しみにしています。

最後に、本書を出版するにあたり、ご尽力いただいたＷＡＶＥ出版編集部の池田秀之様、インバスケット思考シリーズを多くの人に知ってもらう機会を与えていた小林幸二様はじめ営業部の皆様にお礼を申し上げます。

そして、この本を手に取り、最後までお読みいただいたあなたにも感謝をこめて。

２０１２年２月

鳥原隆志

鳥原隆志（とりはら・たかし）
株式会社インバスケット研究所 代表取締役
インバスケット・コンサルタント
大手流通業にて、さまざまな販売部門を経験し、スーパーバイザー（店舗指導員）として店舗指導や問題解決業務に従事する。昇格試験時にインバスケットに出合い、トレーニングと研究を開始する。その経験を活かし、株式会社インバスケット研究所を設立。これまでに作成したインバスケット問題は、ゆうに腰の高さを超える。現在、日本で唯一のインバスケット・コンサルタントとして活躍中。著書に『究極の判断力を身につけるインバスケット思考』（WAVE出版）などがある。

株式会社インバスケット研究所公式ホームページ
http://www.inbasket.co.jp/

個人向けインバスケット情報サイト「インバス！」
http://www.eonet.ne.jp/~in-basket/

インバスケットメールマガジン
http://www.mag2.com/m/0000277810.html

〒599-8236
大阪府堺市中区深井沢町3268-1　千寿ビル10階
株式会社インバスケット研究所
TEL:072-242-8950／E-mail:info@inbasket.co.jp

人を動かす人柄力が3倍になるインバスケット思考

2012年2月20日 第1版第1刷発行　定価（本体1,400円＋税）

［著　者］ 鳥原隆志
［発行者］ 玉越直人
［発行所］ WAVE出版
〒102-0074　東京都千代田区九段南 4-7-15
TEL 03-3261-3713　FAX 03-3261-3823
振替 00100-7-366376
E-mail：info@wave-publishers.co.jp
［印刷・製本］ 萩原印刷

ISBN978-4-87290-557-1